D0025253

OVIDE

HALIEUTIQUES

Il a été tiré de cet ouvrage

100 exemplaires sur papier pur fil Lafuma numérotés de 1 à 100.

COLLECTION DES UNIVERSITÉS DE FRANCE
publiée sous le patronage de l'ASSOCIATION GUILLAUME BUDÉ

OVIDE

HALIEUTIQUES

TEXTE ÉTABLI, TRADUIT ET COMMENTÉ

PAR

E. DE SAINT-DENIS
Professeur honoraire à la Faculté des Lettres de Dijon

PARIS
SOCIÉTÉ D'ÉDITION « *LES BELLES LETTRES* »
95, BOULEVARD RASPAIL, 95

1975

Conformément aux statuts de l'Association Guillaume Budé ce volume a été soumis à l'approbation de la Commission technique qui a chargé M. Jacques André d'en faire la révision et d'en surveiller la correction avec M. E. De Saint-Denis.

INTRODUCTION

I. *Place de ces Halieutiques dans quelques ensembles.*

Athénée, qui vivait au commencement du IIIe siècle ap. J.-C., a donné dans ses *Deipnosophistes* (I, 13) une liste de huit auteurs grecs qui avaient composé des *Halieutiques* (Ἁλιευτικά) : en vers, Caicalos d'Argos, Nouménios d'Héraclée, Pancratès d'Arcadie, Poséidonios de Corinthe, Oppien de Cilicie ; en prose, Séleucos de Tarse, Léonidas de Byzance et Agathoclès d'Atrax. Quelques-uns ne sont pour nous que des noms. Seul le poème d'Oppien (IIe siècle ap. J.-C.) nous est parvenu et permet d'imaginer ce que pouvait être un genre didactique qui déroute la critique moderne.

Nouménios et Pancratès sont, après Oppien, les moins mal connus, grâce aux références dispersées dans l'œuvre d'Athénée. Le premier étant du IIIe siècle av. J.-C., et le second du IIe siècle av. J.-C., les *Halieutiques* d'Ovide s'inscrivent, à l'époque d'Auguste, dans l'histoire d'un genre qui tenta six poètes [1]. Pline l'Ancien, qui a cité en deux endroits de son Livre XXXII le texte d'Ovide, déclare catégoriquement qu'il a commencé son poème à la fin de sa vie : *in Ponto... ubi id uolumen supremis suis temporibus inchoauit* (*N.H.* 32, 152). C'est donc la mort du poète exilé à Tomes (17 ou 18 ap. J.-C.) qui a interrompu la composition de l'œuvre et fait sans doute qu'elle soit de 134 vers seulement ; d'ailleurs les gloses de Pline (32, 11-13 ; 152-153), qui suivent l'ordre du fragment ovidien, ne renvoient jamais à quelque autre passage écrit par le poète et perdu depuis sa mort.

1. Cf. J. A. Richmond, *The Halieutica ascribed to Ovid*, London, 1962, p. 13-14 ; A. W. Mair, *Oppian* (coll. Loeb Classical Library), London-Cambridge, 1963 : *Zoology before Oppian*, p. XXIII sq.

Il importe aussi de rappeler que, dès la constitution d'une littérature latine, Ennius (239-169 av. J.-C.) avait pensé qu'il pouvait intéresser des lecteurs en imitant Archestratos dans ses *Hedyphagetica*, où il énumérait un nombre considérable de poissons et de coquillages ; Apulée, qui a cité quelques vers de ce poème (*Apol.* 39), a dit de son auteur : *innumerabilia genera piscium enumerat*, et, plus loin : « Il y a bien d'autres poissons encore qu'il a célébrés dans ses vers, disant pour chacun d'eux dans quel pays, et comment apprêté — en friture ou en sauce — il a le goût le plus savoureux. » Apicius, qui est mort vers la fin du règne de Tibère, a inséré dans son *De re coquinaria* tout un livre, le neuvième, consacré aux recettes culinaires pour l'apprêt des poissons, crustacés et mollusques [1]. Les *Halieutiques* d'Ovide et l'*Art culinaire* d'Apicius sont, dans le temps, assez proches.

La consommation et la pêche du poisson ont, de très bonne heure, joué un rôle important dans la vie des Romains. « Le thème de la frugalité de l'âge d'or a inspiré aux auteurs l'idée fausse que les premiers Romains ne tendaient pas de pièges aux poissons et laissaient les huîtres dans leur coquille [2]. » Ce thème littéraire a été exploité par Ovide lui-même dans les *Fastes* (6, 173-174), et dans le prêche végétarien qu'il a mis dans la bouche de Pythagore (*Mét.* 15, 101 ; 476). Mais, en réalité, les primitifs se nourrissent souvent de chasse et de pêche ; les Latins étaient voisins d'un fleuve et de la mer ; il faut retenir le témoignage de Pline l'Ancien (*N.H.* 32, 20), qui s'appuie sur celui de Cassius Hémina pour affirmer que les poissons de mer furent en usage à Rome dès sa fondation, puisqu'une loi de Numa interdisait dans cer-

1. Cf. J. André, *Apicius, L'art culinaire, De re coquinaria*, Paris, Klincksieck, 1965, p. 253-267 ; éd. nouvelle, Paris, Belles Lettres, 1974, p. 114-119.
2. J. André, *L'alimentation et la cuisine à Rome*, Paris, 1961, Klincksieck, p. 97.

tains banquets les poissons sans écailles. Les comédies de Plaute et de Térence montrent des pêcheurs et des mangeurs de poisson : Gripus et un chœur de *piscatores* dans le *Rudens* [1] ; des amateurs de pique-nique au Marché aux poissons, dans le *Curculio* [2] ; des poissonniers dont les marchandises malodorantes empestent la ville, au point de mettre en fuite tous les flâneurs de la basilique, dans les *Captifs* [3] ; un vieillard de Térence, Chrémès, dans l'*Andrienne*, dont le repas se compose de légumes et de menu fretin [4], Ainsi le *Forum piscatorium* existait à Rome dès l'époque de Plaute [5]. Ce n'est pas l'introduction de l'hellénisme qui a répandu l'art de la pêche et la consommation du poisson chez les Latins. Les Étrusques qui, avant les Grecs, instruisirent les Latins, étaient des marins et des pêcheurs : ils pratiquèrent en grand la pêche du thon et installèrent sur le promontoire de Cosa une guette pour observer les déplacements de ces poissons grégaires [6]. On fait remonter au VIe siècle av. J.-C. la tombe de Tarquinia qui représente une scène double de chasse et de pêche [7].

La corporation des *piscatores et urinatores totius aluei Tiberis* paraît avoir été de bonne heure nombreuse et prospère [8]. De bonne heure les nouveaux riches mirent

1. Pl., *Rud.* 906 sq. (pour le rôle de Gripus) ; 290-305 (*canticum* des pêcheurs).
2. Pl., *Curc.* 474.
3. Pl., *Capt.* 813 sq.
4. Tér., *And.* 368 : *holera et pisciculos minutos.*
5. D'après la mise au point de J. Collart, *Varron, L.L. V*, Paris, 1954, p. 239, ce marché aux poissons, près des bords du Tibre, serait très ancien, antérieur au grand *Macellum* de l'époque classique. A Ostie, il y avait des marchands de poisson, *piscatores propolae*, dont une boutique a été retrouvée en assez bon état ; cf. J. Le Gall, *Le Tibre, fleuve de Rome*, Paris, 1953, p. 234.
6. Cf. S. Cles-Reden, *Les Etrusques*, Bellegarde, 1955, p. 111.
7. Cf. S. Cles-Reden, *Ibid.*, p. 43 (belle photo hors-texte de cette fresque) ; et (en couleurs) M. Santangelo, *Musées et monuments étrusques*, Novara, 1963, p. 167.
8. Il est impossible d'en dater la création ; son existence n'est

à la mode poissons et coquillages rares, qu'ils se procuraient à grands frais, tandis que le peuple mangeait beaucoup de poissons vulgaires : congre, maquereau, murène. Caton l'Ancien, d'après Plutarque (*Cat.* 8) dénonçait déjà le luxe pernicieux des riches : « Une ville est perdue, lorsqu'un poisson s'y vend plus cher qu'un esclave ». Même irritation de Lucilius qui s'en prenait à un crieur public, coupable de cette folie : il avait acheté un esturgeon ! et à d'autres (*Sat.* 49, 50, 132, 166, 440, 1201, 1210, 1276, dans l'édition Marx). Salluste exagérait quelque peu, lorsqu'il écrivait (*Cat.* 13) : *uescendi causa terra marique omnia exquirere.* Mais une satire de Varron sur les raffinements du luxe montre qu'on recherchait à son époque le jeune thon de Chalcédoine, la murène de Tartesse, l'*asellus* de Pessinonte, l'huître de Tarente, le pétoncle de Chio, le sterlet de Rhodes, le scare de Cilicie (d'après Gell., *N.A.* 6, 16).

Enfin la mode des viviers, où les grands seigneurs de la République romaine voulaient avoir sous la main des réserves de poissons et de coquillages dans leurs propriétés luxueuses des côtes, battait son plein à l'époque de Cicéron et de Varron ; Cicéron a raillé ces *Piscinarii*, ces *Piscinarum Tritones*, qui délaissaient les affaires publiques pour choyer et flatter leurs poissons dans leurs piscines d'eau salée, reliées à la mer par des canaux à écluses ; viviers d'eau salée, doublement amers, disait plaisamment Varron, pour faire entendre qu'ils étaient coûteux [1].

Les *Halieutiques* d'Ovide ne sont pas seulement une récréation de poète exilé qui s'avise d'imiter quelques

attestée qu'à une époque assez tardive ; cf. J. Le Gall, *op. cit.*, p. 234. A Ostie, il y eut aussi une corporation des plongeurs et pêcheurs, *corpus urinatorum* ; une inscription qui la cite date de la 1re moitié du IIe siècle.

1. Pour toute cette partie voir détails et références dans E. De Saint-Denis, *Vocabulaire des animaux marins en latin classique*, Paris, 1947, p. X-XVII ; J. André, *L'alimentation..., op. cit.*, p. 97-116.

prédécesseurs grecs dans un genre didactique et curieux ; l'auteur a vécu au début d'une époque dans laquelle la gourmandise a excité l'ingéniosité des gastronomes, le poisson a gardé sa place d'honneur dans les menus des gourmets, les caprices de la mode ont mis en vedette ou détrôné telle ou telle espèce rare, tandis que les poissons démocratiques et les salaisons chargeaient les tables des humbles. L'esturgeon, très apprécié aux temps de Plaute, de Lucilius et de Cicéron, est déjà moins prisé à l'époque de Pline l'Ancien (*N.H.* 9, 60) ; le bar et l'*asellus*, qui ont supplanté l'esturgeon, ont cédé ensuite la première place au scare, qui règne au temps de Pline (*N.H.* 9, 61-62) ; la vogue de l'esturgeon et du turbot excite la verve d'Horace (*Sat.* 2, 2, 41 sq.).

Le poème d'Oppien énumère à peu près toutes les sortes de pêche que nous connaissons aujourd'hui [1] : à la canne ; à la ligne de fond ; à la nasse ; à l'épervier ; au trident ; au chalut ; et même à la main. Il décrit aussi un engin utilisé par les Thraces pour la pêche des thons : une poutre assez courte, armée de tridents, est larguée du bateau, au bout d'un long câble ; son poids alourdi par une masse de plomb l'entraîne au fond de la mer, où les pointes embrochent les thons rassemblés en un banc [2]. Impossible, disait-il, de dénombrer, impossible de connaître toutes les tribus qui nagent dans les abîmes de la mer ; personne ne pourrait les désigner nommément, car personne n'a jamais pénétré jusqu'au fond de l'océan; trois cents orgyes de profondeur, au plus : c'est à cette

1. Cf. G. Lafaye, art. *piscatio* dans *Dict. antiqu.* Daremberg-Saglio ; Th. H. Corcoran, *The Roman fishing industry of the late Republic and early Empire*, Dissert. Northwestern Univ. 1957 ; A. W. Mair, *Oppian, op. cit.*, p. xxxii sq. (*Hunting, fishing, fowling*) ; Stöckle, art. *Fischereigewerbe*, dans *Real-Encycl.* Pauly-Wissowa ; J. Meirat, *Marines antiques de la Méditerranée*, Paris, 1964, p. 75-78 ; 135-142 (aimable essai de vulgarisation).

2. Opp., *Hal.* 531-562. Cet engin se présente comme une énorme foène.

limite que se sont arrêtés, pour la mer, la science et les regards de l'homme [1]. Trois cents orgyes, c'est-à-dire 532 mètres : ce n'était déjà pas mal !

La surabondance de la faune marine et les ingénieuses inventions des pêcheurs pouvaient émerveiller les hommes à l'époque d'Ovide [2]. D'autre part, ses *Halieutiques* se placent entre l'*Histoire des animaux* d'Aristote et l'*Histoire naturelle* de Pline l'Ancien, qui abondent en développements sur les mœurs des poissons. Certaines espèces sont pourvues d'un instinct de conservation si puissant que leurs manèges et leurs ruses ont fourni des exemples aux philosophes stoïciens et académiciens, débattant la question de savoir si les animaux possédaient la faculté de raisonner. Sur les 134 vers que nous étudions, 39 sont consacrés à ce thème, qui sera repris par Plutarque dans son *De sollertia animalium*, avec des exemples procurés par le poète latin [3].

Tels sont les ensembles dans lesquels il convenait, je crois, de replacer d'abord ces 134 vers, pour les comprendre mieux et les aborder avec plus de sympathie.

II. *Titre et contenu du poème.*

Le titre est donné par Pline l'Ancien (*N.H.* 32, 11) : *Mihi uidentur mira et quae Ouidius prodidit piscium ingenia in eo uolumine, quod Halieuticon inscribitur.*

Les copistes des manuscrits *A*, *B*, *D*, *E* (voir App. critique) et le correcteur B^2 ont cru bon de changer ce titre, parce que deux passages (2-6 ; 49-81) sont consacrés

1. Opp., *Hal.* 1, 80-84. Comme aucun plongeur n'a pu descendre si bas, il ne peut être question ici que de sondages ou d'engins immergés ; cf. E. J. Bourquin, *La pêche et la chasse dans l'antiquité, Les Halieutiques* par Oppien de Cilicie, Paris, 1878, p. 6, n. 2.

2. Le thème littéraire de la faune marine incalculable est un *adynaton* exploité par Ovide, *A.A.* 1, 58 ; *Tr.* 4, 1, 56 ; 5, 2, 25 ; *Pont.* 2, 7, 28.

3. Cf. J. A. Richmond, *op. cit.*, p. 14-15.

aux animaux terrestres ; d'où les titres : *Versus Ouidi de piscibus et feris A, B, D, E* ;... ... *et bestiis B*[1]. Mais *C* a gardé le titre donné par Pline : *Halieuticon.*

Nous avons vu que le nom de ces poèmes didactiques était, d'après Athénée (I, 13), Ἁλιευτικά. D'autre part, on peut rapprocher les génitifs *Georgicon*, pour les *Géorgiques* de Virgile ; *Cynegeticon*, pour le poème sur la chasse de Grattius ; *Metamorphoseon*, pour les *Métamorphoses* d'Ovide.

Le début du fragment qui nous reste est si abrupt qu'il a paru lacunaire à tous les éditeurs : tous les poèmes didactiques des Latins comportent une dédicace ou une invocation, et l'indication du sujet traité [1].

Ici nous avons :

1° 1-2 : énoncé d'une loi mondiale ; les êtres ont reçu des moyens de défense ;

2° 3-9 : exemples tirés de la faune terrestre ;

3° 10-48 : exemples tirés de la faune marine ;

4° 49-81 : retour aux animaux terrestres : lion, ours, sanglier, lièvre, daim, cerf, cheval, chien de chasse ;

5° 82-93 : les modes de pêche différent suivant les fonds ;

6° 94-117 : les poissons de la haute mer ;

7° 118-134 : les poissons des côtes herbeuses.

Qu'est-ce que l'auteur prévoyait pour meubler la suite de son poème ? continuer l'énumération des vers 94-134 ? décrire ensuite les engins de pêche, comme Oppien l'a fait, après lui, dans ses *Halieutiques* [2] ? Il est impossible de le dire, puisque le début est lacunaire et ne donne aucune *propositio.*

1. Au début du chant I, Oppien dédie son poème à Antonin, en donne le plan et invoque les divinités de la mer.

2. En gros, les chants I et II d'Oppien correspondent au fragment du poème latin ; les chants III-V décrivent les modes et engins de pêche (au nombre de 48, d'après E. J. Bourquin, *op. cit.*, p. 69, n. 1).

III. *Histoire du texte* ; *éditions* ; *traductions.*

Le manuscrit le plus ancien est le *Vindobonensis* 277 (*A*), de la Bibliothèque nationale de Vienne, qui est du VIIIe-IXe siècle. Une page publiée dans la *Paléographie* de Chatelain (pl. 101), et les reproductions photographiques (pl. I-VII) de F. Capponi (*op. cit.*, fin du Tome I) montrent l'élégance d'une écriture très appliquée [1]. Malheureusement le nombre des mots n'ayant aucune physionomie latine et des noms de poissons estropiés révèle que le copiste ne comprenait pas grand'chose à ce qu'il calligraphiait. Des corrections de première et de seconde main (A^1, A^2) apportent çà et là d'utiles indications.

Un peu plus récent, le *Parisinus lat. Thuaneus* 8071 (*B*) de la Bibliothèque nationale, est du IXe siècle. Les planches VIII et IX de F. Capponi le reproduisent aussi en entier. Grâce aux photographies de l'Institut de Recherche et d'Histoire des textes, j'ai pu faire la comparaison de *A* et de *B*, et vérifier les descriptions et appréciations, procurées en dernier lieu par F. W. Lenz, J. A. Richmond et F. Capponi [2]. Le tableau comparatif des différences entre *A* et *B*, dressé par F. Capponi, est parlant : les leçons aberrantes sont moins nombreuses en *B*. L. Traube a déclaré que *B* était une copie de *A*. Richmond a discuté les erreurs relevées en *B* par Lenz. R. Verdière a reproché à Richmond sa « tendresse étrange » pour *B*, et tenu celui-ci pour « un parfait parangon de stupidité hyperbéotienne » [3]. L'examen de *A* montre que le copiste a exponctué lui-

1. Vollmer a pu dire qu'il dessinait ses lettres plus qu'il ne les écrivait.

2. F. W. Lenz, *P. Ovidii Nasonis Halieutica*, dans le *Corpus scriptorum Latinorum Paravianum*, Torino, 1956, p. 5-16 ; J. A. Richmond, *op. cit.*, p. 1-9 ; F. Capponi, *op. cit.*, p. 163-187. La recension de F. Capponi est la plus complète.

3. R. Verdière, dans son compte-rendu très étudié de l'édition Richmond, *Latomus*, 1963, p. 296-300.

même certaines absurdités ; lisant ces doubles leçons dans son modèle, le copiste de *B* a pris son bien sans grand discernement, reproduisant des fautes ou en ajoutant d'autres. Pour l'un et l'autre les noms de poissons étaient souvent des rébus : *seurpius* (v. 5) *AB* ; *essarus-escarus* (9) *B* ; *polyppus* (32) *B* ; *morena* (43) *AB* ; *xiphas* (97) *B* ; *duni* (98) *B* ; *thinni* (98) *A* ; *echena ir* (99), *ethena ir* (99) *B* ; *pomphile* (101) *A* ; *phomphi* (101) *B* ; *certyores* (102) *B* ; *cantarus* (103) *B* ; *arcer* (107) *A* ; *harcer* (107) *B* ; *synodantes* (107) *A* ; *sino dantes* (107) *B* ; *tragui* (112) *B* ; *merolate* (114) *A* ; *merelate* (114) *B* ; *nemulas* (123) *AB* ; *rum pus* (125) *A* ; *rumpus* (125) *B* ; *rante* (126) *A* ; *rantte* (126) *B* ; *usellus* (133) *B*.

Heureusement quelques corrections $A^1B^1A^2B^2$ et surtout trois manuscrits du XVIe siècle ont rendu moins impossible l'établissement d'un texte difficile.

Ces manuscrits sont :

1° l'*Ambrosianus* S. 81 (*C*), de la *Biblioteca Ambrosiana* de Milan, qui, comparé à *A* et *B*, porte, entre autres, ces bonnes leçons : *scorpius* (5) ; *scarus* (9) ; *murena* (43) ; *xiphias* (97) ; *thynni* (99) ; *echenais* (99) ; *synodontes* (107) ; *merulae* (114) ; *rombus* (125) ; *asellus* (133) ;

2° le *Vindobonensis* 277 (*D*) ;

3° le *Vindobonensis* 3261 (*E*).

Ces deux derniers ont été moins longuement étudiés par F. Capponi, qui renvoie à une suggestion de R. Verdière : nécessité de distinguer ces deux copies de Sannazar [1]. En effet *D* et *E* sont des copies successives de *A*, qui peuvent être considérées comme deux pré-éditions de notre texte. Pour compléter nos comparaisons portant sur le vocabulaire des poissons, nous constatons que, par rap-

1. R. Verdière, *ibid.*, p. 299. Cette distinction n'a pas été faite par J. A. Richmond.

port à *A*, *B*, *C*, *D*, les apports satisfaisants de *E* sont : *thunni* (99), *pompile* (101), *orphos* (104), *faber* (110), *conger* (115), *mullus* (123), *rhombus* (125), *ranae* (126).

Les insuffisances de *A* et de *B*, seuls recensés par trop de critiques, l'état lacunaire d'un texte inachevé et les difficultés d'un vocabulaire spécial ont incité les éditeurs à faire assaut d'ingéniosité, à corriger, à conjecturer, à subodorer des lacunes où il n'y en avait pas.

L'édition princeps de Logus, en 1534, reposait sur le travail de Sannazar ; une déclaration préliminaire a déclenché une controverse [1] : « Aesiander quidam ex uetustissimo codice, quod nobilis et cultissimus nostri temporis poeta Accius Syncerus Sannazarius longobardicis literis scriptum ex Galliis secum aliquando attulerat, quam potuit integre et incorrupte descripsit una cum autoribus illis coniunctis. Quorum exemplar mihi cum dedisset, non modo ut edendos curarem uolenti mihi permisit, uerum etiam, id ut facerem, ultro ipse me est adhortatus ».

L'édition de C. Gesner (1556), naturaliste réputé, a été, chose surprenante, l'œuvre d'un grammairien plutôt que celle d'un ichtyologiste. Viennent ensuite celles de H. Ciofanus (1582) ; P. Pithoeus (1590) ; G. Bersman (1596) ; J. Van der Vliet (Vlitius) (1645 et 1653), qui a, le premier, retiré à Ovide la paternité des *Halieutiques* pour l'attribuer à Grattius ; N. Heinsius (1661 et 1670), qui s'est inscrit en faux contre cette opinion d'Vlitius ; P. Burman (1727), qui a donné l'exemple d'un travail monumental autour de ce texte difficile ; I. C. Wernsdorf (1780), qui n'a guère apporté qu'une attribution des *Halieutiques* à un certain Veidius.

M. Haupt a, le premier, dans son édition (Leipzig, 1838), donné un travail critique digne de ce nom ; le pro-

1. Cf. résumé de F. Capponi, *op. cit.*, p. 187-188 : opinions de Schenkl, Richmond, Verdière, Cambier sur les apports personnels de Logus.

blème de l'authenticité l'a gêné : après avoir suggéré que les *Halieutiques* auraient été imaginées, d'après les indications de Pline, par un versificateur d'époque postérieure, il est revenu à l'attribution traditionnelle fondée sur le témoignage formel de Pline. D'honorables éditions ont été ensuite publiées par R. Merkel (Leipzig, 1851), et A. Riese (Leipzig, 1874).

Celle de T. Birt, *De Halieuticis Ouidio falso adscriptis*, Berlin, 1878, est un monument (plus de 200 pages !) d'érudition luxuriante et d'hypercritique audacieuse. Le titre agressif et la témérité des conjectures, ainsi que le ton dogmatique, ont attiré sans tarder de vives réactions. Moins fracassantes et plus modestes sont les éditions de G. M. Edward (*Corpus poetarum Latinorum*, I, 1894), de G. Curcio (Acireale, 1902), de F. Vollmer (Leipzig, 1911), de S. G. Owen (Oxford, 1915).

L'Édition Em. Ripert, dans la Collection Garnier, Paris, 1937, ne compte pas dans l'histoire du texte, mais comme premier essai de traduction française.

Celle de F. W. Lenz, dans le *Corpus scriptorum Latinorum Paravianum*, Turin (2e édit. 1956), comporte une préface en latin sobre et commode, un texte prudent avec *testimonia* et un *Index nominum* (*nomina propria, cetera animalia, pisces*). Dans un article des *Etudes Classiques* (oct. 1957), j'ai proposé quelques amendements au texte de Lenz, donné une traduction et plaidé la cause de l'authenticité [1]. Mais J. A. Richmond, dans son édition, *The Halieutica ascribed to Ovid*, London, 1962, a préféré sans l'expliquer une position contraire ; bien qu'il n'ait pas donné de traduction, il a pu écrire un livre de 120 pages, dont 68 occupées par un commentaire très riche [2]. La

1. E. De Saint-Denis, *Pour les Halieutiques d'Ovide*, dans *Les Études classiques*, oct. 1957, p. 417-431.

2. Les comptes-rendus de cet ouvrage ont été très différents : A. Ernout, dans *Rev. Philol.*, 1963, p. 345, l'a traité comme un travail de débutant, qui a surchargé son apparat critique de variantes

même année, dans la collection Loeb, a paru l'édition-traduction de J. H. Mozley : *Ovid*, T. VI, dernière édition, London-Cambridge, 1962 ; ouvrage tout-à-fait recommandable, avec des notes précieuses pour l'identification des poissons cités.

Un critique a jugé que les 120 pages de Richmond, c'était beaucoup pour 134 vers de texte [1]. Que dirait-il aujourd'hui des deux volumes de F. Capponi ? au total, 615 pages ! Travail considérable d'un philologue-naturaliste, qui connaît les poissons et la pêche ; il a tout lu, posé toutes les questions, et composé un commentaire-manuel d'ichtyologie. Son apparat critique est disposé d'après des normes assez déroutantes ; mais c'est la première édition qui repose sur une recension des manuscrits *A*, *B*, *C*, *D*, *E*. En outre, l'authenticité y est défendue dans les 162 premières pages de l'Introduction.

Pour la bibliographie des nombreux articles consacrés aux *Halieutiques*, nous renvoyons aux tableaux de cet ouvrage (p. XIII-XXVI), qui remplacent aujourd'hui les listes de M. Schanz-Hosius, *Geschichte der Römischen Literatur*, Munich, 1935, p. 251-252 ; L. P. Wilkinson, *Ovid recalled*, Cambridge, 1955 ; J. A. Richmond, *op. cit.*, p. 113-118.

IV. *Ovide est-il l'auteur de ces Halieutiques ?*

Déjà Muret, au XVIe siècle, se posait la question, et nous venons de voir, dans l'ordre chronologique, comment les éditeurs ont accordé ou refusé à Ovide la paternité de ces vers : Grattius et Olympius Nemesianus ont été cités

inutiles et son commentaire de remarques élémentaires. *Optima editio, commentarium criticum et copiosum et argutum*, a écrit R. tenkate, dans *Mnemosyne*, 1964, p. 430-431. Plus nuancé, R. Verdière, dans *Latomus*, *art. cit.*, a critiqué l'établissement du texte, mais trouvé le commentaire excellent.

1. A. Ernout, *art. cité*.

comme auteurs possibles. Ni E. Nageotte, dans sa thèse sur *Ovide, sa vie, ses œuvres* (Mâcon, 1872) ; ni P. Fargues, dans ses conférences sur *Ovide, l'homme et le poète* (*Rev. des Cours et Conférences*, 1939-40, p. 488) ; ni E. Galletier, dans son article sur *Les préoccupations littéraires d'Ovide pendant son exil* (*Mélanges Radet*, 1940, p. 422) ; ni les manuels de littérature latine les plus connus (F. Plessis, R. Pichon, J. Humbert, J. Bayet, M. Schanz-C. Hosius) n'ont retiré à Ovide une paternité que Pline lui attribuait. Parmi les érudits qui ont nié la valeur du témoignage plinien, les uns ont soutenu que Pline avait attribué par erreur à Ovide une œuvre écrite par un autre poète du ɪer siècle ; les autres, qu'un faussaire, postérieur à l'époque plinienne, l'avait composée en exploitant et amplifiant les citations du naturaliste.

Leur argumentation tend à prouver que ces vers ne sont pas conformes aux habitudes ovidiennes pour le fond et la facture des vers.

On s'étonne qu'Ovide, ce mondain, ce dilettante, ait trouvé quelque intérêt à la vie et à la capture des poissons. C'est oublier qu'Ovide, exilé loin de Rome, a tenté la plus cruelle de ses *Métamorphoses* : la sienne ; d'après les confidences des *Tristes* et des *Pontiques*, il s'est senti perdu, solitaire au milieu de barbares, devant une mer rébarbative et glacée ; L. P. Wilkinson n'a pas tort d'exercer son humour sur les « conjectures pittoresques » touchant les conversations et excursions d'Ovide avec les pêcheurs de Tomes. Rudes parmi les rudes barbares de cette région devaient être les marins-pêcheurs de Tomes, si pêcheurs il y avait.

Il ne faut pas se laisser abuser par une suggestion de Pline l'Ancien (32, 152), qui cite plusieurs noms de poissons comme ignorés des auteurs autres qu'Ovide et n'existant peut-être que dans le Pont-Euxin (*fortassis in Ponto nascentia*) : le bœuf, le cercyre, l'orphus, l'erythin, l'iule, la mormyre, la daurade, la perche, la mendole et l'épode.

Bos, *orphus*, *erythinus*, *iulus* (ou *iulis*), *mormyr*, *chrysophrys*, *perca*, *tragus* (ou *maena*), *melanurus* sont des poissons communs en Méditerranée, et cités dans l'*Histoire des animaux* d'Aristote, que Pline connaissait bien. Mais ces noms grecs ont pu dérouter le naturaliste latin, qui a cru tomites des vocables rares ou nouveaux pour lui.

Ovide a pu, sans accompagner les pêcheurs, s'instruire dans quelque traité ou poème halieutique. S'il a déclaré qu'il n'avait aucun livre : *Non liber hic ullus...* (*Tr.* 5, 12, 53-54), il a dit ailleurs le contraire : *Detineo studiis animum falloque dolores* (*Tr.* 5, 7, 39) ; n'ayant personne à qui lire ses vers, il écrit et il lit : *Ipse mihi — quid enim faciam ? — scriboque legoque* (*Tr.*, 4, 1, 91). Les *Halieutiques* sont vraisemblablement parmi les vers dont il a dit qu'il y cherchait l'oubli de ses misères (*Tr.*, 5, 7, 67).

En plusieurs endroits de ses *Métamorphoses*, il a mis en scène des pêcheurs : 1° en 3, 586, Acétès pêcheur et fils de pêcheur ; 2° en 8, 217 sq., Dédale et Icare, premiers aviateurs, ont été aperçus d'en bas par un pêcheur occupé à tendre des appâts aux poissons avec son roseau tremblant, un berger appuyé sur son bâton, un laboureur sur le mancheron de sa charrue ; 3° en 8, 855 sq., Erysichton métamorphosé en pêcheur à la ligne ; 4° en 13, 922, Glaucus, qui était un pêcheur avant d'être une divinité de la mer.

Dans une analyse délicate des tourments qui déchiraient le cœur de l'exilé, E. Galletier a rangé les *Halieutiques* parmi les vers qui consolaient ses longues heures de solitude. A côté des plaintes, des regrets et des prières qui remplissent les *Tristes* et les *Pontiques*, à côté d'un poème d'exécration comme l'*Ibis*, les *Halieutiques*, poème d'évasion, ne sont pas moins compréhensibles. Lucrèce, par pessimisme et misanthropie, a reporté sur les animaux, souvent apparus dans son poème, une affectivité insatisfaite. Virgile, tendre et farouche, leur a fait don de son universelle sympathie. Il est normal qu'Ovide aigri ait cherché dans la composition de ses *Halieutiques* un moyen de faire illusion à ses soucis et d'oublier les hommes : les bêtes de la terre et de la mer figurent dans son poème ; et les poissons ont la supériorité d'être multiformes, multicolores, astucieux... et muets.

Enfin le goût des détails réalistes, des notations précises de formes, de couleurs, d'attitudes et de gestes est, dans ces vers, très ovidien. L'appréhension du mystère ou de l'infini dépassait le génie d'Ovide, grand poète dans la demi-poésie ; visuel et sensuel, il savait saisir les détails et les nuances qui confèrent du charme à un tableau de genre, et de la vie à un croquis rapide [1].

Restent les arguments les plus forts qui ont été produits contre l'authenticité : ceux que Th. Birt, B. Axelson, L. P. Wilkinson, G. E. Duckworth ont tirés des anomalies prosodiques [2] ; Ovide, admiré comme versificateur habile au point de parler plus facilement en poésie qu'en prose [3], n'a pas pu commettre certains vers dont la facture est maladroite !

Mais on s'est parfois trop pressé de reprocher au poète des fautes de versification ; par exemple, au vers 95, *mīluī* disyllabique a paru fautif, alors qu'on a de même *mīluōs* dans Juvénal, 9, 55 ; au vers 34, *ĕī* n'a rien d'extraordinaire ; E. Housman a relevé des exemples de cette scansion impériale dans les *Aratea* de Germanicus [4]. Quant à L. P. Wilkinson, il n'a donné qu'un seul exemple de vers fautif : *decidit adsumptamque dolo tandem pauet*

1. Cf. E. De Saint-Denis, *Le rôle de la mer dans la poésie latine,* Paris, 1935, p. 369-377 ; 382-383 ; *Le génie d'Ovide, d'après le Livre XV des Métamorphoses,* dans *Rev. Et. Lat.*, 1940, p. 111-140.

2. Th. Birt. *op. cit., passim* ; B. Axelson, *Eine Ovidische Echtheitsfrage,* dans *Eranos,* 1943, p. 23 sq. ; L. P. Wilkinson, *op. cit.*, p. 363 ; G. E. Duckworth, *The non-Ovidian nature of the Halieutica,* dans *Latomus,* 1966, p. 756-769.

3. Cf. Ov., *Tr.* 4, 10, 19-26.

4. E. Housman, *Versus Ovidi de piscibus et feris*, dans *The Classical Quaterly,* 1907, p. 275-278.

escam (11) ; mais c'est un texte mal établi, et nous proposons de lire : *decidit adsumptaque dolos tandem pauet esca.* Il faut aussi tenir compte des scansions influencées par le grec, comme *mōrmȳrĕs* (110), *pompīle* (101), *ānthĭăs* (46)[1]. L'article important de G. E. Duckworth (1966) a été, dès 1967, suivi d'une réplique de L. Herrmann, partisan de l'authenticité[2]. Même position de F. Capponi, à qui nous devons une étude complète de la métrique dans les *Halieutiques*[3].

Un de nos meilleurs métriciens, J. Soubiran, a bien voulu examiner de près la question ; voici l'essentiel du mémoire détaillé qu'il m'a envoyé très aimablement :

1º Anomalies prosodiques : des scansions comme *anthiăs, pompīle* n'ont rien de choquant, s'agissant de mots rares et techniques. Plus choquant est le sigmatisme *lamirosquĕ smarisque* (120), très rare en poésie classique. Proportion très anormale des élisions de *atque* : élidé 3 fois (34, 121, 122), non élidé 3 fois (17, 26, 57), alors que cette conjonction est élidée 9 fois sur dix à peu près chez les poètes les plus soigneux ; en outre, un des *atque* non élidés occupe le début du cinquième pied (17), disposition fréquente chez Lucrèce, mais très rare après lui.

2º Anomalies métriques ; clausules : *tandem pauet escam* (11), clausule défectueuse, absente chez Ovide et Lucain.

Césures : défectueuse au v. 11, avec trochaïque troisième, non précédée de trihémimère[4], disposition attestée cepen-

1. Cf. F. W. Lenz, *op. cit.*, p. 17-20.

2. L. Herrmann, *Pline l'Ancien et les Halieutiques*, dans *Latomus*, 1967, p. 708-711.

3. F. Capponi, *op. cit.*, p. 95-162. G. E. Duckworth avait surtout étudié la distribution des spondées et des dactyles dans les hexamètres du poème.

4. Mais c'est encore le vers *decidit.....*, mal établi !

dant chez Virgile et Lucain. Même anomalie de césure au v. 104. Combinaison insolite (T t 3 t 4) au v. 42. Rare aussi au v. 32 : pause de sens au trochée deuxième, suivie de deux monosyllabes ; v. 99 : même remarque.

Plus choquants les cinq vers 3, 5, 71, 108, 111, où le longum III est occupé par une préposition (*in*) ou la conjonction *et* [1].

Dactyles et spondées : J. Soubiran juge très impressionnants les relevés de Duckworth, que F. Capponi a réfuté. « Si n'existait pas le témoignage de Pline, conclut-il, je dirais que les *Halieutica* sont l'œuvre d'un *poeta minor* de la première moitié du Ier siècle ap. J.-C., assez voisin du poète de l'*Aetna*, de Grattius et de Germanicus. C'est un poème habile, qui connaît ses classiques, mais qui ne s'astreint pas au même purisme rigoureux qu'Ovide et Lucain. C'est exactement l'impression qu'éprouve un métricien en lisant Germanicus, voire même Manilius ».

Récemment R. E. H. Westendorp-Boerma a recommandé une grande précaution dans l'utilisation de la métrique comme critère pour prouver l'authenticité ou l'inauthenticité d'un poème [2]. En particulier les décomptes de spondées et de dactyles, et les comparaisons de proportions entre les *Halieutiques* et les autres œuvres d'Ovide seraient impressionnants, si notre poème était achevé. Il ne compte que 134 vers, dont 41 sont une énumération poétique de poissons, dont les noms devaient être logés dans l'hexamètre dactylique. Qui sait encore faire aujourd'hui des vers latins et se rend compte d'une telle difficulté ?

Puisqu'il faut toujours revenir au témoignage de Pline,

1. Mais, comme le note J. Soubiran, Virgile, Valérius Flaccus ont affectionné cette disposition, tandis qu'Ovide et Lucain l'ont évitée presque complètement. Germanicus a admis plusieurs fois des dispositions analogues.

2. R. E. H. Westendorp-Boerma, dans *Vergiliana* (Coll. *Roma aeterna*), Leiden, 1971, p. 392.

ajoutons que le naturaliste ne fut pas un versificateur, mais qu'il devait avoir assez d'oreille pour ne pas attribuer à Ovide la paternité des *Halieutiques*, si les anomalies prosodiques et métriques, relevées par les métriciens modernes, avaient été vraiment choquantes.

Au reste ces anomalies ne seraient-elles pas les faiblesses que le poète lui-même confesse dans les *Tristes* et *Pontiques*, lorsqu'il déplore les défaillances de sa Muse ; la rouille qui envahit son génie, comme les herbes et les ronces étouffent un champ que la charrue ne renouvelle pas ; le besoin de se corriger et l'impossibilité de le faire [1].

V. *Valeur poétique.*

Pendet opus interruptum... et infortunatum ! interrompu par la mort du poète exilé, maltraité par les copistes et par certains éditeurs, ce texte a été malmené par la critique littéraire.

F. Plessis n'y trouvait qu'un vers intéressant : le quatre-vingt deuxième. « C'est tout et c'est peu, jugeait-il. Le reste n'ajoute rien aux titres d'Ovide et ne vaut pas que l'on s'attarde à discuter l'opinion de Birt contre l'authenticité... » [2]. P. Fargues a mis dans le même sac l'*Ibis* et les *Halieutiques* : « Il faut avouer que cette satire encombrée de souvenirs mythologiques (l'*Ibis*) est fastidieuse. Elle n'ajoute rien à la gloire d'Ovide, et il en est de même de son poème didactique sur les poissons, de ses *Halieutiques* [3]. » Comme un grand helléniste, Maurice Croiset, n'a pas été moins sévère à l'égard des *Halieutiques* d'Oppien [4], qui contiennent pourtant des évocations

1. Cf. *Tr.* 5, 1, 69-72 ; 5, 12, 21-36 ; 57-58 ; *Pont.* 1, 5, 5-20 ; 59-61.
2. F. Plessis, *La poésie latine*, Paris, 1909, p. 461.
3. P. Fargues, *Ovide, l'homme et le poète, art. cit.*
4. M. Croiset, *Histoire de la littérature grecque*, V, Paris, 1938, p. 622 ; « L'œuvre d'Oppien, extrêmement admirée des Byzantins,

pleines de vie et de sensibilité, il faut croire que la poésie didactique a plutôt mauvaise presse chez nous, ou que les hommes de cabinet ne sont guère pressés de s'intéresser aux réalités du monde extérieur et à la poésie des métiers.

Les lecteurs qui connaissent un peu les poissons et la pêche seront frappés par la justesse concise des épithètes que le poète a su choisir pour caractériser les bêtes terrestres ou aquatiques ; si exactes qu'elles ont été dirimantes dans l'identification des poissons cités par les Anciens : *foedus ursus* (58), *durus xiphias* (97), *epodes lati* (126), *molles ranae* (126), *sinuosa caris* (132) ; voilà pour la forme ; et voici pour la vélocité : *hippuri celeres* (95), *rapidi lupi* (112) ; pour la couleur : *rutilus pager* (107), *fului synodontes* (107), *merulae uirentes* (114) ; pour le caractère : *lupus inmitis* (23), *muraena ferox* (27), *impiger leo* (53), *pauidi lepores* (64), *pauidi thunni* (98), *cercyrus ferox* (102), *duri sues* (132) ; et pour la valeur gastronomique : *pretiosus elops* (96), *rarus faber* (110), *immunda chromis* (121), *uilissima salpa* (121). Si l'on fait compliment à Lucrèce d'avoir su, bien avant La Fontaine, trouver l'épithète caractéristique pour étiqueter les agneaux pétulants, les moutons porte-laine, les sangliers porte-soies ou les chèvres barbues, il faut reconnaître à notre poète le même mérite et le classer parmi les animaliers de la littérature latine.

Ovide a senti la poésie de ce « monde du silence » que des films récents et des ouvrages avec illustrations en couleurs ont révélée depuis quelques années. Ovide en évoque le grouillement multicolore, la vie ardente et les roueries dictées par l'instinct de conservation : il

a incontestablement des mérites d'élégance et de savoir-faire ; ses descriptions ne manquent pas de grâce ni même d'une certaine force ; au demeurant, il y a en tout cela plus de rhétorique que de véritable poésie. Oppien n'a pas d'impressions personnelles ; il met en vers ce qu'il a lu, sans s'élever au-dessus d'une habile médiocrité ». Contre ce verdict, voir les notes judicieuses de E. J. Bourquin, *op. cit.*

fait voir la pieuvre indolente accrochée au rocher par ses tentacules (31) ; le scare prisonnier de la nasse dont il s'échappe, aidé parfois par un ami qui le tire à reculons (9-17) ; la seiche, qui noircit l'eau de son encre pour se dissimuler (19-22) ; le mulet précautionneux qui détache l'appât de l'hameçon en le frappant de sa queue (38-39) ; l'anthias qui coupe la ligne avec l'épine de son dos en se retournant sens dessus-dessous (46-48). Chez les plus intelligentes de ces bêtes — pas si bêtes que cela ! — il constate que le loup réfrène son caractère impétueux, quand il est prisonnier d'un filet, pour se tapir dans le sable et se glisser sous la ralingue inférieure de l'engin (23-24) ; ou que la murène agressive prend le temps de distendre peu à peu la maille du filet qui la retient, en se tortillant maintes fois (27-30).

De même il y a de la vigueur dans les portraits du lion téméraire qui se jette au-devant des coups ; de l'ours féroce et balourd qui déboule de son antre ; du sanglier pourchassé qui se rue à fond de train en hérissant ses soies (53-62) ; du cheval fier de triompher dans l'amphithéâtre (66-74) ; ou des chiens de chasse acharnés à la quête du gibier (75-81).

Enfin le choix et la combinaison des couleurs, dans sa dernière partie (94-134), rendent attrayante et chatoyante une énumération de poissons, qui eût été un déballage fastidieux. Le pompile apparaît dans le sillage blanc d'écume que les navires tracent sur les plaines liquides. Le canthare fait tout de suite penser à d'autres espèces écarlates, au mérou, à l'erythin brillant dans l'eau bleue, au sargue tacheté, au pagre vermeil. Symphonie en rouge majeur, où des marques et taches sombres jettent des contrastes violents, où paraissent ensuite les fauves synodons, et la verte tunique d'un saxatile, et les bigarrures des mormes, et l'or de la daurade, et le brun des ombrines, et la queue éclatante de l'oblade, et les taches dorées de la murène, et le vert des merles. Puis symphonie en blanc majeur : celle des poissons plats, gris sur le dos, mais blancs sur le ventre, soles, plies et turbots. A la fois, dans cette énumération, il y a richesse musicale de vocables, grecs pour la plupart (les Anciens, les Alexandrins surtout y furent très sensibles), et surabondance qui suggère une profusion éclatante et changeante.

N'oublions pas que les poissons, mollusques et coquillages ont fourni aux artistes de l'antiquité des sujets de natures mortes. Outre les mosaïques où des poissons figurent comme acteurs secondaires de scènes de pêche ou comme ornements périphériques [1], il y a celles dont l'unique sujet est une juxtaposition grouillante et multicolore de bêtes marines : par exemple, celle du Musée des Thermes, où des poissons aux nuances délicates se font vis-à-vis, entre autres des surmulets aux barbillons caractéristiques et aux reflets écarlates ; celle de Bevagna (Ombrie), qui représente une murène au dos souple, aux yeux cruels, au museau agressif et une langouste avec antennes rugueuses, carapace annelée et pattes finement articulées ; celle de Vienne (France), où l'on voit une magnifique crevette arquée (*sinuosa caris*) ; celles de Sousse, n° 57158, où des poissons s'échappent d'un panier d'osier [2] ; n° 57095, où deux barques de pêche évoluent au milieu d'une houle de poissons variés ; n° 57049, fond

1. Comme attelages d'amours ailés, motif fréquent : à Délos, mosaïque des deux dauphins ; à Sousse, n° 57124, mosaïque de seuil représentant quatre amours ailés, conduisant chacun, comme des cochers, deux poissons (L. Foucher, *Inventaire des mosaïques, Sousse*, Institut national d'archéologie et arts, Tunis, 1960, pl. XXXII). Scènes de pêche : la plus connue est celle de la nécropole de Tarquinia (reproduite en couleurs dans M. Santangelo, *Musées et monuments étrusques*, Novara, 1963) ; voir aussi mosaïque de Sousse, n° 57027 : paysage nilotique, avec pêcheurs tirant de l'eau un filet plein de poissons (L. Foucher, *op. cit.*, pl. V).

2. Ce thème se retrouve ailleurs, en particulier à Sousse, n° 57260, mosaïque où les poissons jaillissent du panier en divergeant comme les tiges d'une plante poussant hors d'un bac (L. Foucher, *op. cit.*, pl. LXIV).

de piscine où des poissons et des crustacés nagent en bandes parallèles dans une mer figurée par des zigzags. Autant d'œuvres où les artistes ont voulu suggérer une impression de surabondance mouvante et bigarrée.

Dans les compositions les plus originales le grouillement de la gent porte-écailles et porte-carapace se discipline et s'ordonne autour d'un centre ; par exemple dans la mosaïque du Musée de Naples, dont les deux yeux fixes et obsédants d'un poulpe occupent le centre, tandis que ses tentacules se déploient vers les poissons et mollusques qui foisonnent à l'entour [1] ; ou la mosaïque de Sousse, nº 57041 : au centre d'un demi-cercle, la tête du dieu Océan, dont les cheveux ont les teintes des varechs et sont entourés par des pattes de crabes, tandis qu'à gauche, à droite et au-dessous, sont harmonieusement disposés, en couleurs moins vives, une rascasse, une torpille, une daurade, une murène, un crabe, un oursin, un calmar, un poulpe, une seiche.

Notre commentaire renvoie le lecteur aux illustrations en couleurs d'un ouvrage récent : B. J. Muus-P. Dahlström, *Guide des poissons de mer et pêche*, Paris, 1966. Elles sont exactes et, mieux que tout discours, permettent d'apprécier l'intérêt documentaire et la valeur poétique de la féerie de couleurs dans ces *Halieutiques* d'Ovide.

*

Malgré toutes les tâches qui lui incombent, Jacques André a bien voulu se charger d'être une fois de plus mon réviseur. J'aurai donc eu la chance, depuis 1942, de voir mes essais révisés par trois grands philologues : René Durand, Alfred Ernout, Jacques André.

1. Cf. J. Bayet, *Littérature latine*, Paris, 1934, p. 691, avec cette légende : « Des poissons de toute espèce ondulent en une féerie de couleurs ».

CONSPECTVS SIGLORVM

A = Vindobonensis 277 ; saec. VIII-IX.
B = Parisinus Lat. Thuaneus 8071 ; saec. IX.
C = Ambrosianus S. 81 sup. ; saec. XVI.
D = Vindobonensis 277 ; saec. XVI.
E = Vindobonensis 3261 ; saec. XVI.
A^1,B^1... = prima manus correctoris.
A^2,B^2... = secunda manus correctoris.

OVIDE

HALIEUTIQUES

. . . .

Le monde a reçu une loi : elle a distribué des armes à tous les êtres et les a instruits de leurs moyens : ainsi le veau sait être menaçant, alors qu'il ne porte pas des cornes sur son front encore tendre ; ainsi les daims s'enfuient, les lions combattent avec courage, le chien
5 en mordant, et le scorpion en donnant un coup de queue ; ainsi l'oiseau léger s'envole en battant des ailes. Tous ont peur de la mort, cette inconnue ; à tous il a été donné de pressentir leur ennemi et leur sauvegarde, de connaître chacun la force et l'emploi de leur arme. Ainsi le scare, sous les ondes, par son adresse. . . . .
10 . . . .

P. OVIDII NASONIS

HALIEVTICON

LIBER

. . . .

accepit mundus legem : dedit arma per omnes
admonuitque sui : uitulus sic namque minatur,
qui nondum gerit in tenera iam cornua fronte ;
sic dammae fugiunt, pugnant uirtute leones
et morsu canis et caudae sic scorpius ictu, 5
concussisque leuis pinnis sic euolat ales.
Omnibus ignotae mortis timor, omnibus hostem
praesidiumque datum sentire et noscere teli
uimque modumque sui. Sic et scarus arte sub undis
si n. 10

Titulus. *Ouidius... in eo uolumine quod Halieuticon inscribitur,* Plin., *N.H.* 32, 11 : INCIP VERSVS OUIDI DE PISCIB ; ET FERIS *A* INCIPIT UERSUS OUIDI DE PISCIBUS ET FERIS *B* — et bestiis *in ras. B*^{2} De piscibus ovidii fragmentum *et infra* ouidii Halieuticon *C* Incipiunt versus ouidii de piscibus et feris *D* VERSVS OVIDI de piscibus et feris *E*.

V. 1 *ante uersum lac. coni. edd.* || accepit *codd.* : praecepit *Birt* || 2 admonuitque *ABCD*^{1} : admouitque *D* || namque *Sannazar* : manuque *ABC* nempe *Burmann* magna *Baehrens* manca *Vollmer* || minatur *AE* : miratur *BC* || 3 nondum *DE* : nundum *A*^{1}*C* mndum *A* mundum *B* || tenera *A*^{1}*CDE* : tenerco *A* teneraco *B* || 4 dammae *Sann.* : damae *CDE* dammate *AB* || pugnant *CDE* : et pugnant *AB* || 5 morsu *CDE* : morou *AB* || scorpius *CDE* : seurpius *AB* || 6 concussisque *CD*^{1}*E* : cum cursisque *AB* concursisque *D* || ales *CE* : alis *AB in ras. D* || 7 ignotae *E* : sic nocte *ABC* innatus *Burmann* || 8 praesidiumque *codd.* : perniciemque *Birt* || sentire *CDE* : sintire *A*^{1}*B* sitire *A* || 9 sui *codd.* : sui est *Riese* || 10 sin *ABDE* : *om. C* si⟨nassae in fraudem pellectus uentris ab ira⟩ *suppl. Vollmer* si n⟨assae in patulas fraudes de uimine textas⟩ *Owen, uid. comment.*

tombé au fond ⟨de la nasse⟩ et s'étant emparé de l'appât, finalement il s'effraie du piège ; il n'ose pas heurter de front les baguettes de la nasse : à reculons, en frappant l'osier par des coups de queue répétés, il la distend, se faufile et s'évade dans les eaux sûres. Bien plus, si par
15 hasard quelque scare aimable, en passant là-devant, l'a vu se débattre dans l'étroite prison d'osier, il le saisit par derrière en lui mordant la queue, et ainsi. . .
La seiche, lente à fuir, s'est-elle laissé surprendre dans
20 une eau peu profonde ? — et déjà commence-t-elle à craindre des mains ravisseuses ? — Elle salit l'eau en vomissant un sang noir et elle change de route, trompant les yeux de celui qui la poursuit. Le loup prisonnier d'un filet, si sauvage et impétueux qu'il soit, se tapit dans le

decidit adsumptaque dolo*s* tandem pauet esca,
non audet radiis obnixa occurrere fronte :
auersus crebro uimen sub uerbere caudae
laxans subsequitur tutumque euadit in aequor.
Quin etiam, si forte aliquis, d*u*m pr*ae*natat, arto 15
mitis luctantem scarus hunc in uimine uidit,
auersi caudam morsu tenet atque ita...
†uberrer uato quem texit q : resultet†.
sepia tarda fugae, tenui cum forte sub unda
deprensa est — iam iamque manus timet illa rapa-
[cis — 20
inficiens aequor nigrum uomit illa cruorem
auertitque uias oculos frustrata sequentis.
Clausus rete lupus, quamuis inmitis et acer,

11 decidit *codd.* : incidit *Gesner Heinsius* || adsumptaque... esca *Schenkl Lenz Richmond Capponi* : adsumptaque... escan *A* adsumptaque...escam *BC* adsumptamque... escam *D* absumptamque... escam *E* || dolos *Baehrens Richmond* cf. v. 26 : dolo *codd. Heinsius Lenz Capponi* || **12** occurrere fronte *CDE* : occurre fronte A^{1} occurrere fęronte *A* obcurrere frontem *B* || **13** auersus *codd.* : auersae *Heinsius* || uimen *BCE* : uimens *A* ueniens *D* || caudae *CE* : —de *B* —det *A* candet *D* || aequor *CDE* : equor *B* equore *A* || **15** aliquis *codd.* : alius *Heinsius Birt* || dum praenatat arto *Heinsius Lenz Richmond Capponi* : dam pronatareto *ABC* nataret *D om. E* pone nataret *Gesner* pronatat extra *Vlitius* damna notarit *Birt* || **16** mitis *codd.* : intus *Riese* || scarus *ADE* : escarum *BC* || uidit $A^{1}BCE$: uidt *A* ui *D* || **17** auersi caudam *ADE* : auersum causam *BC* || ita *BC* : lita *AD* || **18** uberrer uato quem texit q : (texit quem *B*) resultet *AB* uberret nato quem texit quem resultat *C* ubesser nato quem texit que resultet *D* liber seruato quem texit ciue *Heinsius* donec seruato quem texit ciue resultet *Birt* uerbere seruato quem texit ciue resultat *Riese* libera ut e nassa quae texit praeda resultet *Vollmer Mozley* liber, seruato quem texit ciue, resultat *Richmond* liber seruato quem texit uterque resultat *prop. Capponi, u. comment.* || **19** sepia *B* : saepia *A* || **20** illa *codd.* : hilla *Birt Mozley* || rapacis $D^{1}E$: —paces *CD* —petis *AB* || **21** illa *CDE* : illac *AB* ore *Achilles Statius Burmann* inde *Schenkl* ante *Castiglioni* || cruorem *codd.* : colorem *Castiglioni* || **22** uias *ABCE* : uices *D Logus* || sequentis *codd.* : —tes *Logus* || **23** inmitis *Sann. edd.* : immitis *DE* inmititis *A* inmitatis *B* inmans *C* inmanis *Logus Heinsius Burmann.*

sable où il se pose en l'écartant avec sa queue. . . . .
25 Il s'élance dans les airs et, en sautant, il déjoue sans dommage les pièges ⟨des filets⟩.
La murène agressive, consciente de son dos lisse, s'évertue à distendre les mailles du filet ; visqueuse, elle réussit enfin à s'en évader, se tortillant maintes fois, et donne un exem-
30 ple nuisible : son intervention profite aux autres. Au contraire le poulpe indolent colle aux rochers par son corps garni de tentacules et se joue des filets par la ruse que voici : s'adaptant à la couleur du fond il la prend et change de couleur, toujours semblable à celle qu'il recouvre ; et aussitôt qu'il s'empare avec voracité de la
35 proie qui pend aux crins des lignes, il réussit encore à tromper : quand on lève la canne à pêche et qu'il émerge dans les airs, il desserre l'étreinte de ses bras et crache l'hameçon qu'il a dépouillé.

Quant au mulet, il fouette de sa queue l'appât suspendu, et, l'ayant décroché, l'enlève.

dimotis cauda submissus *sidit* harenis
. . . . in auras 25
emicat atque dolos saltu deludit inultus.
Et muraena ferox teretis sibi conscia tergi
ad laxata magis con*i*xa foramina retis
tandem per multos euadit lubrica flexus
exemploque nocet : cunctis interuenit una. 30
At contra scopulis crinali corpore segnis
polypus haeret et hac eludit retia fraude
et sub lege loci sumit mutatque colorem
semper ei similis, quem contegit, atque ubi praedam
pendentem saetis auidus rapit, hic quoque fallit, 35
elato calamo cum demum emersus in auras
bracchia dissoluit populatumque expuit hamum.
At mugil cauda pendentem euerberat escam

24 dimotis *A*[1]*B* : de— *A* || submissus *B* : —misus *A* —nisus *Vollmer* || sidit *Pantagathus* : redet *A* ridet *BC om. DE* sedet *Logus* || **25** in auras *A in fine uersus praecedentis B initio uersus sequentis* ⟨atque ubi iam transire plagas persentit⟩ in auras *Vlitius* ⟨in foueaque iacens, ubi rete leuatur⟩ in auras *Birt* ⟨donec abesse plagas sensit. Sed mugil⟩ in auras *uel* ⟨dum sensit transisse plagas. Et mugil⟩ in auras *prop. Capponi, uid. comment.* || **26** atque *B* : atque atque *A* || saltu *codd.* : astu *Birt* || deludit *CD* : diludit *ABE* || inultus *ABCD* : —tos *E Heinsius* || **27** et *codd.* : at *Birt* || muraena *edd.* : murena *E* more *AB* mose *C* || teretis *E* : et retis *D* et reti *ABC* || tergi *E* : teri *ABC* ... ri *D* || **28** conixa *Schenkl* : connextat *A* conextat *A*[1] connexat *BC om. D* conuersa *E Logus Vlitius Burmann* conuexa *Haupt* || foramina *E* : formi *ABC om. D* || retis *ABC*[1]*DE* : cetis *C* || **30** exemploque *DE* : exemplo qui *ABC* || interuenit *DE Logus Heinsius* : —uienit *A* —uiennit *B* inter uunnit *C* iter inuenit *Bersmann* || **31** scopulis *CDE* : scupolis *AB* || **32** hac *CDE* : haec *ABD* || **33** et ...mutatque *codd.* : pressus lege loci sumit mutatque *Birt* quod sub lege — *Schentel* ut sub lege loci sumit mutatque *Hemsterhusius* || **34** contegit *A* : contigit *BC* corrigit *D* || praedam *E* : p̄daret *AB* praeda rete *C* —dans *D* || **35** saetis *Riese* : setis *AB* retis *D Logus Vlitius* || **36** cum *ABDE* : tum *C* || **37** bracchia *edd. plerique* : brachia *CDE Sann. Richmond* bracha *AB* || hamum *Sann. edd.* : amum *AB* || **38** at *ADE* : et *BC* || euerberat *ADE* : me uerb— *B* uerberat *C*.

Le loup, animé d'une violente colère, se porte en tous sens 40 à toute vitesse, suit les flots qui l'entraînent et secoue la tête jusqu'à ce que l'hameçon cruel tombe de la blessure élargie et sorte de la gueule ouverte.

La murène n'ignore pas non plus son propre pouvoir de nuire ; pour se sauver, elle ne manque pas d'attaquer en 45 mordant fort, et, captive, elle n'abandonne rien de son humeur menaçante.

L'anthias se sert, sans les voir, de ses armes dorsales : il connaît la force de son piquant, et, s'étant retourné sens dessus dessous, il coupe la ligne et sépare l'hameçon planté dans son corps.

Les autres animaux qui habitent les forêts épaisses sont 50 toujours secoués par de vaines paniques, ou bien sont entraînés, tête baissée, par leur férocité démentielle : c'est la Nature elle-même qui leur apprend à refuser ou à engager le combat. Voici le lion infatigable qui s'acharne à renverser des troupes de chasseurs et qui porte son poitrail au-devant des traits ; là où il survient, il est, dans

excussamque legit ; lupus acri concitus ira
discursu fertur uario fluctusque ferentes 40
prosequitur quassatque caput, dum uulnere saeuus
laxato cadat *h*amus et ora patentia linquat.
Nec proprias uires nescit mur*a*ena nocendi
auxilioque sui, morsu nec comminus acri
deficit aut animos ponit captiua minacis. 45
Anthias his tergo, quae non uidet, utitur armis,
uim spinae nouitque suae uersoque supinus
corpore lina secat fixumque intercipit hamum.
Cetera quae densas habitant animalia siluas
aut uani quatiunt semper lymphata timores 50
aut trahit in praeceps non sana ferocia mentis :
ipsa sequi natura monet uel comminus ire.
Inpiger ecce leo uenantum sternere pergit
agmina et aduersis infert sua pectora telis,

39 concitus *CDE* : conticitatur *A* concitatur *A*¹ contriticatur *B* || ira *codd.* : aere *Vlitius Birt* || **40** discursu *DE*, *cf.* Plin., *NH*. 32, 13 : discussu *A*¹*C* discussus *B* dissussu *A* || ferentes *ABDE* : feroces *C* furentem *Skutsch Richmond* || **41** prosequitur *codd.* : perse— *Birt* || **42** hamus *edd.* : amus *codd.* || **43** muraena *edd.* : murena *CD*¹*E* morena *ABD* || *post u.* 43 *lac. susp. Capponi* || **44** auxilioque sui *codd.* : —lioque sibi *Logus* —liumque sui *Heinsius* —liique sui *Haupt post* auxilioque sui *lac. susp. Vlitius Richmond* || morsu *A*¹*CDE* : uersu *A* mouersu *B* || **45** captiua minacis *ADE* : captiua minaces *C* captiuam macis *B post. u. 45 lac. susp. Birt, uid. comment.* || **46** his *codd.* : sic *Herrmann* in *Vollmer Mozley* — †his† *Richmond* || uidet *DE* : uidit *ABC* || **47** nouitque suae *E* : mouet que sua et *BC* mouet quae suaet *A* .....mouet *D* || supinus *ABDE* : lupinus *C* || **48** lina secat *E* : linas egat *A* limas egat *BC* linar regit *D* lina regit *D*¹ || *post u. 48 lac. ind. Heinsius* || **49** cetera *Sann.* : et cetera *AB* aethera *C post* animalia *desunt in C u. 50-93* || siluas *DE* : silus *AB* || **51** trahit *DE* : trabit *AB* || non sana *codd.* : insana *Castiglioni* uaesana *coni. Lenz* || ferocia mentis *E* : ferotia mestes *A* ferocia mentes *D* — martis *Haupt* — gentis *Owen* || **52** ire *A*¹*DE* : iraer *A* irzer *B hunc u. hic errore iteratum statuit Richmond* || **53** ecce leo *ABE* : et celeo *D* et telo *D*¹ || **54** pectora *ADE* : pecora *B*.

55 son ardeur, plus confiant et plus emporté, il a fait saillir ses muscles et accru ses forces par sa colère ; il s'affale et, victime de sa vaillance, il hâte son trépas.

L'ours hideux, qui déboule des antres lucaniens, qu'est-ce sinon un poids inerte et la férocité d'un esprit stupide ?

60 Le sanglier pourchassé manifeste sa colère en hérissant ses soies ; il se rue à fond de train au devant des blessures que le fer lui porte, et, serré de près, il meurt, les entrailles transpercées par le trait.

Les animaux de l'autre catégorie, se fiant à leurs pattes, tournent le dos à celui qui les poursuit, comme les lièvres peureux, comme les daims au dos roux et le cerf qui 65 s'enfuit, pris d'une interminable frayeur.

Les chevaux ont un noble sentiment des honneurs et, plus particulièrement, l'amour de la gloire ; car ils sont fiers de la victoire et joyeux du triomphe ; ont-ils, au cirque, mérité la couronne après sept tours de piste ? ne vois-70 tu pas comme le vainqueur relève sa tête altière et s'offre aux acclamations de la foule ? Son dos qui se hausse est-il orné de la peau d'un lion mis à mort ? quel orgueil et quelle prestance dans son allure ! comme son sabot animé d'un

quoque uenit fidens magis et sublatior ardet 55
concussitque toros et uiribus addidit iram,
procidit atque suo properat sibi robore letum.
Foedus Lucanis prouoluitur ursus ab antris ;
quid nisi pondus iners stolidaeque ferocia mentis ?
Actus aper s*a*etis iram denuntiat hirtis : 60
se ruit oppositi nitens in uulnera ferri,
pressus et emisso moritur per uiscera telo.
Altera pars fidens pedibus dat terga sequenti,
ut pauidi lepores, ut fuluo tergore d*a*mmae
et capto fugiens ceruus sine fine timore. 65
Hic generosus honos et gloria maior equorum,
nam capiunt animis palmam gaudentque triumpho :
seu septem spatiis circo meruere coronam,
nonne uides uictor quanto sublimius altum
adtollat caput et uulgi se uenditet aurae ; 70
celsaue cum caeso decorantur terga leone,
quam tumidus quantoque uenit spectabilis actu

55 quoque *ADE* : quodque *B* quomque *Schenkl Vollmer Mozley* quaque *Heinsius* || sublatior *E* : sibilatior *ABD* || **56** addidit *DE* : addit *AB* || **57** procidit *Burmann Lenz Mozley Capponi* : prodedit *AB* prodidit *D Logus* prosilit *E* proruit *Gesner* prodigit *Vollmer* || **58** ursus D^1E : orsus *ABD* || **59** stolidaeque *DE* : —dique *AB* || *post* stolidique *lac. Skutsch Richmond* || **60** saetis *Sann.* : retis *AB* || denuntiat *DE* : —tiate *AB* || hirtis *E* : hireis *AB om. D* || **61** se ruit *Heinsius* : seruit *AB* seui *D* et ruit *E Logus Vlitius Owen* sed ruit *Birt* si ruit *Skutsch* || **62** pressus *codd.* : pressoque *Fränkel* || emisso *B* : emiso *A* immisso *Heinsius* demisso *Birt* immissus *Fränkel* || **64** dammae *Sann.* : demmae *A* demeȩ *B* || **65** capto *codd.* : cauto *Heinsius* rapido *Riese* || ceruus *DE* : aceruus *AB post 65 lac. susp. Richmond qui u. 52 hic locat* || **66** hic *codd.* : hinc *Heinsius* || maior equorum A^1DE maioregorum *A* maiore gurum *B* || **67** nam *codd.* : iam *Heinsius* || capiunt *codd.* : cupiunt *Birt Richmond* || *inter u. 67 et u. 68 aliquid excidisse susp. Heinsius, u. comment.* || **68** meruere *ADE* : mouere *B* || **70** aurae *DE* : aurate *AB* || **71** celsaue *B* : caelsa *A* || caeso *E* : cates o *AB om. D* || decorantur *ABD* : —ratur *E* || leone *AE* : leo *B* leoni *D* || **72** quantoque uenit *codd.* : quanto ueniat *Gesner* quanto ut ueniat *Heinsius.*

rythme noble foule le sol, quand il revient chargé de
75 dépouilles opimes ! Et les chiens, par où commencer leur éloge ? Ils ont une audace vertigineuse, la sagacité pour la chasse et la force pour la poursuite ; tantôt ils explorent les brises en levant le mufle, tantôt ils cherchent les traces en baissant le museau, et lancent la bête sauvage
80 en aboyant ou la harcèlent en appelant leur maître. Si elle échappe aux coups des armes convergents, le chien la pourchasse, à travers monts et plaines, partout.

C'est la technique qui règle nos efforts ; c'est en elle que sont tous nos espoirs.

Néanmoins je ne te recommanderais pas d'aller jusqu'en pleine mer ni d'explorer les profondeurs du large : dans un
85 endroit intermédiaire tu seras mieux pour manœuvrer ta ligne. . . . .
Observe si le fond est hérissé de rochers ; — car il demande alors des roseaux flexibles, tandis qu'une côte dégagée demande des filets —. Observe si une montagne surplombant la mer y projette des ombres redoutables —

conspissatque solum generoso concita pulsu
un*g*ula s*u*b spoliis grauiter redeunt*is* opimis ?
Quid laus prima canum quibus est audacia prae-
[ceps 75
uenandique sagax uirtus uiresque sequendi,
quae nunc elatis rimantur naribus auras
et nunc demisso quaerunt uestigia rostro
et produnt clamore feram dominumque uocando
increpitant ? qu*a*m, si conlatis effugit armis, 80
insequitur tumulosque canis camposque per omnes.
Noster in arte labor positus, spes omnis in illa.
Nec tamen in medias pelagi te pergere sedes
admoneam uastique maris temptare profundum :
inter utrumque loci melius moderabere f*u*nem 85
. . . .
aspera num saxis loca sint — nam talia lentos
deposcunt calamos, at purum retia litus —
num mons *h*orrentes demittat celsior umbras

73 conspissatque *D Vollmer Richmond* : conpiscatque *AB Pithou* compescatque *E Gesner* compesscitque *Mozley* constipatue *Skutsch* conquassatque *Haupt Lenz* concutiatque *Heinsius* || concita *AB*[1]*DE* : concitat *B* || **74** ungula sub spoliis *Sann.* : uinculas abspoliis *A* —lasabs polus *B* || redeuntis *Sann.* : —te *AB* || **75** quid *E Burmann Lenz Mozley* : qui *ABD Capponi* quin *Birt Richmond* quae *Logus* || **76** sagax *DE* : sacax *AB* || **77** naribus *ADE* : auribus *B* || auras *DE* : aurara *AB* auram *Haupt Richmond* || **78** et *codd.* : at *Vollmer* || **80** increpitant *AB*[1]*DE* : —piant *B* || quam *Richmond* : quem *codd. Lenz Mozley Capponi* quae *Vlitius Heinsius Luck* || effugit *ADE* : —gitque *B* || **81** insequitur *AB*[1]*DE* : increpiant*B* || camposque *A*[1]*BDE* : —pisque *A* || *post 81 lac. susp. Birt* || **85** loci *D*[1] : coci *AB*[1]*D* quoci *B* oculis *E* || moderabere *DE* : —rauere *AB* || funem *Bersmann Vlitius Burmann* : finem *codd. Lenz Richmond Capponi* linum *Merkel Vollmer Mozley* || *post 85 lac. ind. Haupt, u. comment.* || **86** num *codd.* : non *Pithou* || sint nam talia *E* : sin///// talia *AD* sintalia *B* || **87** at *E* : cct *A* eat *B* ac *D* || purum *E* : puerum *AB om. D* || **88** num *codd.* : non *Heinsius* || horrentes *Sann.* : orrentes *A* torrentes *Riese* || umbras *codd.* : undas *Riese.*

car certains poissons les fuient, certains les recherchent —.
90 Observe si des herbes poussant au fond des eaux le tapissent de verdure, s'il oppose des obstacles et si l'algue molle y règne. La Nature a varié la disposition des étendues sous-marines, et elle n'a pas voulu confiner tous les poissons au même endroit.

C'est ainsi que les uns aiment la haute mer comme les
95 maquereaux, les bœufs, les hippures rapides, les milans au dos noir, le précieux hélops inconnu dans nos eaux, l'espadon cruel qui frappe aussi dur qu'une épée, les thons peureux qui fuient en troupe nombreuse, la petite échénéis — capable pourtant, ô merveille ! d'imposer aux navires un
100 retard considérable —, et toi, pompile, compagnon des vaisseaux, qui suis toujours le sillage d'écume brillante qu'ils tracent à travers les plaines liquides, le cercyre farouche qui se tient en bordure des rochers, le canthare désagréable au goût, et puis le mérou qui est de même
105 couleur et l'érythin écarlate dans l'onde bleue, le sargue marqué de taches, la girelle tachetée, le sparaillon dont la

in mare — nam uarie quidam fugiuntque petunt-
[que —
num uada subnatis imo uiridentur ab herbis, 90
ob*i*ectetque moras et molli seruiat algae.
Discripsit sedes uarie natura profundi
nec cunctos una uoluit consistere pisces.
Nam gaudent pelago quales scombrique bouesque,
hippuri celeres et nigro tergore milui 95
et pretiosus elops nostris incognitus undis
ac durus xiphias ictu non mitior ensis
et pauidi magno fugientes agmine thunni,
parua echenais — a*t* est, mirum, mora puppibus
[ingens —
tuque, comes ratium tractique per aequora sulci, 100
qui semper spumas sequeris, pompile, nitentes,
cercyrosque ferox scopulorum fine moratus,
cantharus ingratus suco ; tum concolor illi
orphos caeruleaque rubens er*y*thinus in unda,
insignis sargusque notis, insignis i*u*lis 105

89 uarie quidam *E* : uariae quidam *ABD* uariae quaedam *Birt* || **90** *post hunc u. lac. susp. Sann. Birt Richmond, u. comment.* || **91** obiectetque *Heinsius Burmann Vollmer Lenz Richmond* : oblectetque *codd. Capponi* || molli seruiat algae *DE*^{1} : —at algate *AB* molli seruat algae *E* mollis uestiat alga *Merkel* || **92** discripsit *AB* : descripsit *DE* || *post* sedes *denuo incip. C* || uarie *BC* : uariae *AD* uarias *D*^{1}*E* || **94** quales *codd.* : squali *uel* squatinae *Vlitius* late *Castiglioni* || **95** celeres *codd.* : et celeres *Ehwald* || tergore milui *CDE* : —re mihi *A* —ret mihi *B* || **97** durus *BCD*^{1} : duros *AD* duro *E* || xiphias *ACDE* : xiphas *B* || **98** thunni *E* : thinni *A* thynni *C* dunni *B* || **99** echenais *CDE* : echenair *A* ethena ir *B* || at est *Haupt* : adest *codd.* ut et *Heinsius* || **100** comes *CD*^{1}*E* : comis *ABD* || **101** pompile *E* : pomphile *ACD* phomphi *B* || nitentes *codd.* : natantes *Birt* || **102** cercyrosque *ADE* : certyoresque *B* cercyoresque *C* || moratus *DE* : moratur *ABC* || **103** ingratus *codd.* : et gratus *Birt* || **104** orphos *E* : orphas *ABCD* || caeruleaque *CDE* : caerol— *A* czerol— *B* || rubens *ABCE* : nitens *D* || erythinus *Sann.* : erith— *A*^{1}*B* lerith— *A* || **105** sargusque *CDE* : —qui *AB* || iulis *Birt* : i.alis *AB* et alis *CDE*.

nuque dorée resplendit, le pagre vermeil, les fauves synodons, le serran qui se féconde lui-même grâce à sa double fonction génératrice, et puis le saxatile aux écailles vertes, 110 à la bouche petite, la dorée poisson rare, les mormes bigarrées, la daurade qui imite l'éclat de l'or, et puis les ombrines au corps sombre, les loups rapides, les perches, les mendoles, et encore l'oblade remarquable par l'éclat de sa queue, la murène illuminée de taches dorées, les merles verdâtres, le congre qui blesse cruellement ses congénères, 115 le scorpion capable de faire du mal par un rude coup de sa tête, et le bleu qui ne se montre jamais lors de la canicule.

Au contraire des poissons aiment le sable couvert d'herbes, comme le scare, qui seul rumine les èches qu'il

et super aurata sparulus ceruice refulgens
et rutilus pha*g*er et fului synodontes et ex se
concipiens channe gemino sibi fun*c*ta parente,
tum uiridis squamis paruo saxatilis ore
et rarus faber et pictae mormyres et auri 110
chrysophrys imitata decus, tum corporis umbrae
liuentis rapidique lupi percaeque tragique,
quin laude insignis caudae melanurus et ardens
auratis muraena notis mer*u*laeque uirentes
inmitisque suae conger per uolnera gentis 115
et capitis duro nociturus scorpius ictu
ac nunquam aestiuo conspectus sidere glaucus.
At contra herbosa pisces la*e*tantur harena,
ut scarus, epastas solus qui ruminat escas,

106 et super *ABDE* : insuper *C* || **107** phager *Haupt* : harcer *AD* arcer *B* arter *C* passer *D*[1] pagur *Logus* || synodontes *CE* : synodantes *A* sino dantes *B om. D* || et ex se *AE* : texe *BC* texse *B*[1] *om. D* || **108** channe *E* : channem *A*[1]*B*[1] cannem *AB om. D* || sibi functa parente *Curcio Lenz Mozley Capponi* : sibi fundata parente *ABC* fraudata parente *E* sibi iuncta parenti *Birt* sine facta parente *Schenkl* non functa parente *Richmond* || **110** rarus *DE* : raru *AB* ratu *C* || faber *E* : fauer *cett.* || pictae mormyres *E* : pietate murmires *ABCD* || et auri *ABCE* : ///auri *D* || **111** umbrae *BCE* : ūbre *A* || **112** liuentis *DE* : —tes *AB* lucentes *C* || percaeque *CE* : percate *ABC*[1] peratae— *D* || **113** quin laude *ADE* : quum laude *B* quum laudo *C* quid laude *Heinsius* || caudae *DE* : —date *AB* —datae *C* || melanurus *A*[1]*BCE* : melānrus *A* melancrus *D* || **114** muraena *C*[1]*D*[1]*E* : munera *ABD* || merulaeque *Sann.* : merolateque *A* merelateque *B* || **115** immitisque suae *CE* : imi— *AB* inmitis querulae *D* infamisque suae *Haupt* intutusque suae *Riese* || conger *E Logus Ciofanus Heinsius Burmann* : cancer *ABCD Pithou Vlitius Richmond Capponi* gonger *Vollmer Lenz Mozley* || gentis *CDE* : —tei *A* —tes *A*[1]*B* —ti *Vollmer Richmond* || **116** capitis *codd.* : captus *Ciacconus Vollmer* || duro *ACDE* : diro *B* || scorpius *DE* : —pio *ABC* || ictu *DE* : iacet *AB* tactu *C* || **117** aestiuo *CDE* : stiuo *AB* || **118** laetantur *Riese Vollmer Owen Mozley* : laxantur *codd. Capponi* luxantur *Haupt Ehwald Richmond* || **119** scarus *CD*[1]*E* : //rus *A* carus *A*[1]*BD* || ruminat *CDE* : —net *AB*.

120 a dévorées, les mendoles prolifiques, le lamire, le picarel, l'immonde chromis, la saupe justement méprisée, le poisson qui construit sous les eaux des nids douillets ressemblant à ceux des oiseaux, le surmulet dont les écailles sont légèrement teintées de sang, les soles éclatantes de blancheur, la plie qui est de même couleur, le
125 turbot qu'on peut admirer sur la côte de l'Adriatique, et puis les larges épodes, et puis les baudroies au dos mou, enfin. . . . .

. . . .

. . . .

130 glissant, et le boulereau dont l'épine est inoffensive, le calmar qui porte une humeur noire dans son corps de neige, les porcs agressifs, la crevette arquée, l'aselle qui ne mérite pas un nom si infamant, et toi, esturgeon, fameux habitant des eaux étrangères. . . . .

fecundumque genus m*a*enae lamirosque smarisque 120
atque inmunda chromis, merito uilissima salpa
atque auium dulces nidos imitata sub undis
et squa*mas* tenui subfusus sanguine mullus,
fulgentes soleae candore et concolor illis
passer et Hadriaco mirandus litore rhombus, 125
tum epo*d*es lati, tum molles tergore ranae
extremi †pareuc†. . . . .
. . . .
. . . .
lubricus et spina nocuus non gobius ulli 130
et nigrum niueo portans in corpore uirus
lolligo durique sues sinuosaque caris
et tam deformi non dignus nomine asellus
tuque, peregrinis acipenser nobilis undis
. . . .

120 maenae lamirosque *Pantagathus* : menate lamirosque *AB* menae mirosque *C* menae ///// *E om. D* || smarisque *ABC* : *om. DE* || **121** immunda... salpa *CD* : inunda... salpa A^1B inunda... sapa *A* || **122** dulces *ABCD* : phycis *Gesner Vollmer Mozley* || nidos *ACDE* : niues *B* || *post* 122 *lac. susp. Gesner Pantagathus Richmond, u. comment.* || **123** squamas *Aldus Ciosanus* : squa *AB* si qua *C* squalus et *E om. D* squalus *Logus* squatus et *Vlitius* squatina et *Birt* || sanguine A^1CE : sanguisne *AB* sanguis *D* || mullus *E* : mulus *C* mulas *AB om. D* || **124** soleae *CDE* : soleate A^1B soleace *A* || concolor illis *CE* : concolori *AB* /// colori *D* || **125** rhombus *E* : rumbus A^1D rombus CD^1 rumpus *AB* || **126** tum *CDE* : tunc *AB* || epodes *edd. uett. Capponi* : lepores *ABCD Lenz Richmond* || tum *ABCE* : *om. D* || ranae *E* : rante *ABCD* || **127** pareuc... *ABE* : porreuc *C* parent *Heinsius Burmann* pascunt *Vlitius, u. comment.* || *post* 127 *duorum uersuum spat. rel. praebent ADE* || **130** gobius *C* : gouius *ABDE* || ulli *Vollmer Lenz* : ullis *A* (?) ulla *B Richmond Capponi* ulta *Birt* una *Housman* || *post 131 unius uersus spat. praebent ADE, u. comment.* || **132** durique sues *ABCE* : dur//quaerens *D* dirique sues *Gesner* || sinuosaque C^1DE : sin uoraque *A* sinuoraque *B* sinu oraque *C* || caris *ABC* : *om. DE* || **134** acipenser *CDE* : accipiens er *AB* || *neque finem neque lac. ind. A sequitur sine ulla inscriptione carmen* (*Anth. Lat.*, *391*) *AB sequitur Gratti Cynegeticon CDE.*

COMMENTAIRE

ABRÉVIATIONS :

Capponi	= F. Capponi, *P. Ovidii Nasonis Halieuticon* (*Coll. Roma Aeterna*), 2 vol., Leiden, Brill, 1972.
Cotte	= J. Cotte, *Poissons et animaux aquatiques au temps de Pline*, Paris, Lechevalier, 1944.
De Saint-Denis, *Vocabulaire*	= E. De Saint-Denis, *Vocabulaire des animaux marins en latin classique*, Paris, Klincksieck, 1947.
D'Arcy Thompson	= D'Arcy Wentsworth Thompson, *A glossary of greek fishes*, Oxford University Press, 1947.
Muus-Dahlström	= B. J. Muus-P. Dahlström, *Guide des poissons de mer et pêche* (*Coll. Les guides du naturaliste*), Paris, Delachaux-Niestlé, 1966.
Richmond	= J. A. Richmond, *The Halieutica ascribed to Ovid*, London, Athlone Press, 1962.

Vers 1.

accepit mundus legem : de qui le monde a-t-il reçu cette loi ? Les rapprochements avec Ov., *Mét.* 4, 704 (*accipiunt legem*) et 10, 50 (*legem accipit*) ne sont que des rencontres verbales et ne répondent pas à la question ; dans ce qui précède, le poète indiquait peut-être si cette loi a été dictée par *Deus* ou par *Natura.* Au v. 52, intervient la nature personnifiée, comme dans *Tr.* 1, 8, 5 (*omnia naturae praepostera legibus ibunt*), *Mét.* 15, 71. Ailleurs Ovide croit à un dieu *mundi fabricator* (*Mét.* 1, 57) qui a organisé le monde, ...*quisquis fuit ille deorum / congeriem secuit sectamque in membra redegit, Mét.* 1, 32-33 ; et, dans la même genèse, il fait intervenir côte à côte ce dieu et la nature : *hanc deus et melior litem natura diremit.* Cette divinité de la Nature est une notion stoïcienne, comme l'ont signalé Richmond, p. 25, et Capponi, p. 225-227 ; cf. Cic., *N.D.* 1, 14, 37 : *Cleanthes..... tum ipsum mundum Deum dicit esse, tum totius naturae menti atque animo tribuit hoc nomen* ; J. Von Arnim, *Stoicorum ueterum fragmenta,* Leipzig, 1903 et 1924, I, 43, 1 : *hoc secundum Stoicos dicit qui adfirmant mundum prudentia ac lege firmatum, ipsumque deum esse legem.*

dedit arma per omnes : pour Richmond, p. 25, le sujet de *dedit* est *mundus* ; pour Capponi, p. 199, la nature ou le dieu, qui devait être évoqué dans la phrase précédente ; c'est, plus simplement, *lex,* reprise de *legem.*

per omnes : indique mieux que *omnibus* la distribution de ces moyens.

V. 2.

admonuitque sui : e li ha edotti per servirsene a loro conservazione (Capponi, p. 199) ; la construction *moneo* + gén. est courante ; cf. Ov., *Tr.* 1, 7, 26.

namque : ne fait pas pléonasme avec *sic,* comme Richmond, p. 27, l'a pensé ; *manuque* des mss. est absurde, et *namque* est la plus satisfaisante des corrections proposées ; cf. App. critique ; ajouter *iamque* (Verdière), *usque* (Skutsch).

V. 3.

Souvenir de Lucr. 5, 1033-1035 : « Tout être en effet a le sentiment de l'usage qu'il peut faire de ses facultés. Avant même que les cornes aient commencé à poindre sur son front, le veau irrité s'en sert pour menacer son adversaire et le poursuivre tête baissée » (Trad. A. Ernout). Cf. Ov., *Am.* 3, 13, 15 : *et uituli nondum metuenda fronte minaces* ; Juv. 12, 7-9 ; Mart. 3, 58, 11 ; 6, 38, 8 ; Claud. 8, 384 ; *Rapt. Pros.* 1, 127.

V. 4.

dammae : pour l'identification de l'animal, voir note v. 64.

uirtute : a paru surprenant à Richmond, p. 29 ; c'est un ablatif de moyen comme *morsu* et *ictu* au vers suivant. Dans l'énumération des v. 2-6 (veau, daim, lion, chien, scorpion, oiseau), le poète a pu suivre l'ordre de Lucr. 5, 1034-1040 (veau, panthère, lionceau, oiseau).

V. 5.

scorpius : il s'agit ici du scorpion terrestre, dont l'abdomen est terminé par un dard venimeux, tandis qu'au v. 116 il sera question du scorpion-poisson dont la tête est armée d'une épine ; cf. Ov., *Fast.* 4, 163 : *elatae metuendus caudae scorpius* ; *Mét.* 15, 371 : *scorpius exibit caudaque minabitur unca* ; Man., *Astron.* 2, 236-237 ; 213 ; 4, 217 ; Plin., *N.H.* 11, 87.

V. 6.

concussis pinnis : à côté de *plausis alis* (*Mét.* 14, 507 ; 577) et de *plausit pennis* (*Mét.* 8, 238) ; cf. Claud., 3, 122 : *concutit alas.*

V. 7.

omnibus ignotae mortis timor : cf. Sen., *Ep.* 121, 19 : *apparet illis* (*animalibus*) *inesse nocituri scientiam non experimento collectam ; nam antequam possint experiri, cauent.*

V. 8-9.

sentire... sui : cf. Lucr. 5, 1033, *sentit enim uis quisque suas quoad possit abuti* ; mais la notion de limite des forces (*quoad possit abuti*) n'est pas ici, semble-t-il, dans *modum*, comme l'a pensé Richmond, p. 30 (limitation or simply limit) ; nous entendons : manière d'utiliser, mode d'emploi ; cf. Capponi, p. 246.

V. 9-10.

scarus : le nom de ce poisson, emprunté au gr. σκάρος, de σκαίρω, bondir, lui est venu de ses bonds et coups de queue légendaires ; cf. Athen. 324 d. Il est resté en grec moderne σκάρος, en italien *scaro*, en espagnol *escaro*.

La lacune du v. 10 a exercé l'ingéniosité des érudits ; *decidit* (v. 11) montre que la première proposition décrivait d'abord l'entrée dans la nasse du scare attiré par l'appât ; cf. Opp., *Hal.* 4, 49 sq. : εὖτε γὰρ ἐς κύρτοιο πέσῃ λόχον αἴολος ἰχθύς, / αὐτίκ' ἐπεφράσθη τε καὶ ἐκδῦναι κακότητος πειρᾶται... ; Cassiod., *Var.* 11, 40, 8 : *scarus, esca pellectus, cum iunceum carcerem coeperit introire, mox se ad exitium suum inuitatum fuisse cognouerit, in caudam labitur, paulatim se ab angusto subducens.* C'est le premier temps du drame que les conjectures de Vollmer et d'Owen (cf. App. critique) ont essayé d'évoquer.

V. 11.

Deuxième temps ; étourdi, puis glouton, le scare se rend enfin compte qu'il est prisonnier d'un piège (*dolos* ; cf. v. 26). Les deux constructions *paueo* + ablat. ou accus. sont classiques ; Oppien, qui suit Ovide, traduit : ταρβεῖ γὰρ σχοίνους ταναηκέας (*Hal.* 4, 53).

V. 12.

radiis : cf. Plin., *N.H.* 32, 11, *scarum inclusum nassis non fronte erumpere nec infestis uiminibus caput inserere...* Oppien (*Hal.* 4, 53-55), plus précis, pensait aux baguettes pointues qui, à l'entrée de la nasse, empêchent le prisonnier de ressortir par là :

> ταρβεῖ γὰρ σχοίνους ταναηκέας, αἳ πυλεῶνι
> ἀμφιπεριφρίσσουσι καὶ οὐτάζουσιν ὀπωπὰς
> ἀντίον ἐρχομένοιο, φυλακτήρεσσιν ὁμοῖαι.

Cette sorte de nasse, semblable à nos verveux, est représentée sur deux mosaïques de Sousse ; cf. L. Foucher, *Navires et barques*, Tunis, 1957, p. 36-37 ; art. *nassa*, dans *Dict. Antiqu.* Daremberg et Saglio.

V. 13-14.

Cf. Plin. *loc. cit.*, *sed auersum caudae ictibus crebris laxare fores atque ita retrorsum repere* ; la correction de *auersus* (*codd.*) en *auersae* par Heinsius est donc inutile.

V. 15-17.

Cf. Pline, *loc. cit.*, *quem luctatum eius si forte alius scarus extrinsecus uideat, adprehensa mordicus cauda adiuuare nisus erumpentis* ; Opp., *Hal.* 4, 56 sq. ; Plut., *De sollert. anim.* 977 C ; Ael., *N.A.* 1, 4 ; D'Arcy Thompson, p. 239-240.

V. 18.

Parmi les solutions proposées pour utiliser ce *locus desperatus* (cf. App. critique), la plus satisfaisante paléographiquement est *liber, seruato quem texit, ciue resultat*, préconisée par Richmond et Capponi ; pour cet emploi de *ciuis*, voir aussi R. Verdière, *loc. cit.*

V. 19.

sepia tarda fugae : Pline (*N.H.* 9, 83) compte parmi les mollusques (*mollia*) le calmar, la seiche, le poulpe et tous leurs congénères ; ils ont tous, dit-il, huit pieds (*pediculi octonis omnibus*), mais la seiche et le calmar ont deux de ces pieds très longs aux moyens desquels ils portent à leur bouche leur nourriture, tandis que les autres leur servent de bras pour chasser (*cetera cirri quibus uenantur*) ; cela explique la nage pénible de la seiche et du calmar, et celle, plus rapide, du poulpe qui file le tête en avant, ses huit tentacules battant l'eau par derrière.

V. 20-21.

Cf. Plin., *N.H.* 9, 84 : *ambo* (*lolligo et sepia*) *ubi sensere se adprehendi, effuso atramento, quod pro sanguine his est, infuscata aqua absconduntur* ; Opp., *Hal.* 3, 156-165 ; Plut., *De sollert. anim.* 977 F ; Ael. N.A. 1, 34 D'Arcy Thompson, p. 232. Le noir de seiche est aussi appelé *atramentum* par Cic., *N.D.* 2, 50, 127. *Vomit illa cruorem* : fin de vers ovidienne ; cf. *Mét.* 5, 83.

V. 22.

Aussi Aristote dit de la seiche qu'elle est τῶν μαλακίων πανουργότατον (*H.A.* 621 b), et Oppien l'appelle « la rusée » (*Hal.* 1, 312 ; 2, 120 ; 3, 156).

V. 23.

lupus... inmitis et acer : l'impétuosité du loup (bar), favorisée par la rapidité de sa nage, est aiguillonnée par sa voracité ; cf. *rapax lupus*, Colum. 8, 17, 8 ; cf. Athen. 310 f ; Ael. 1, 30 ; *rapidi lupi*, ci-dessous, v. 112.

V. 24.

Cf. Plin., *N.H.* 32, 11 : *Ouidius prodidit... lupum rete circumdatum harenas arare cauda atque ita condi, dum transeat rete* ; Opp., *Hal.* 3, 121 sq. ; Plut., *De sollert. anim.* 977 F. Le filet dont il s'agit ici n'est pas un épervier (*funda*), mais un filet formant barrage avec ralingues dont la supérieure est munie de flotteurs et l'inférieure, munie de plombs, repose sur le fond (*sagena, tragula, uerriculum*) ; le loup n'y échappe pas en sautant par-dessus, mais en creusant un trou dessous pour se glisser sous la ralingue inférieure. Cuvier et Valenciennes (II, p. 61) ont rapporté avec scepticisme ces détails des auteurs anciens ; en réalité, j'ai constaté que le loup ne se laisse jamais prendre dans les barrages clayonnés des pêcheries ; il faut, pour le capturer, des nasses serrées ou des filets très résistants ; et j'ai vu des loups, prisonniers d'un filet, qui avaient creusé des trous sous la ralingue inférieure pour se faufiler à l'extérieur. A juste titre Aristophane, d'après Athen. 311 a, appelait le loup « le plus malin des poissons » : πάντων ἰχθύων σοφώτατος ; cf. De Saint-Denis, *Vocabulaire...*, p. 60-61 ; art. *rete* dans *Dict. Antiqu.* Daremberg et Saglio.

V. 25.

... *in auras* : parmi les érudits qui ont essayé de compléter ce vers, certains n'ont pas vu que le poète passait ici à une seconde échappatoire du loup, qui, ayant pris du recul, s'élance et saute par-dessus le filet ; ce que j'ai vu faire à des loups et à des mulets. Il est donc inutile de corriger *saltu* en *astu* (Birt) au v. 26, ou d'introduire *mugil* au v. 25 (Capponi).

V. 27.

muraena ferox : la férocité vorace de la murène a été signalée par Plin., *N.H.* 32, 58 ; 9, 185 (animés d'une haine réciproque, le congre et la murène se rongent mutuellement la queue) ; Opp., *Hal.* 2, 253 sq. (l'inimitié de la murène et du poulpe) ; Plin., *N.H.* 9, 89 (la murène pourchasse l'ozène) ; Opp., *Hal.* 2, 321 sq. ; Ael., *N.A.* 1, 32 ; IX, 25 (murène contre langouste). Carnassière et gloutonne, la murène est en effet armée de dents fortes et crochues qui lui permettent de déchirer et de broyer toutes sortes de proies ; plusieurs auteurs ont fait allusion à l'histoire de Vedius Pollion qui jeta des esclaves aux murènes de sa piscine ; cf. Sen., *De ira* 3, 40 ; *De Clem.* 1, 18 ; Plin., *N.H.* 9, 77 ; Dio. 54, 23, 2 ; Tert., *De pallio* 5. Et Columelle (8, 17, 2) parle de la rage des murènes qui exterminent les autres poissons des viviers. D'après Cotte, p. 149, le caractère agressif de la murène lui permet de lutter avec les pêcheurs, d'attaquer même les scaphandriers ; sa bouche sans cesse en quête, son air méchant justifient amplement l'épithète de *ferox*.

teretis... tergi : la leçon *teretis* de *E* est excellente ; le corps de la murène est lisse et muqueuse ; cf. Plin., *N.H.* 9, 40 : *molli cute* ; 32, 12 : *consciam teretis ac lubrici tergi*.

V. 27-29.

Cf. Plin., *N.H.* 32, 12 : *Ouidius prodidit... murenam maculas adpetere ipsas consciam teretis ac lubrici tergi, tum multiplici flexu laxare, donec euadat* ; Opp., *Hal.* 3, 117-120 ; Ael., *N.A.* 1, 33. *Foramen* (maille du filet) ; cf. Hor., *A.P.* 203 (trou de la flûte), Sil. Ital. 5, 51 (maille du filet) paraît être un substitut poétique de *macula*, Plin. *loc. cit.* ; Varr., *R.R.* 3, 11, 3 ; Cic., *Verr.* 2, 5, 27 ; Colum. 8, 15, 1 ; Ov., *Epist.* 5, 19.

V. 30.

Vers difficile : la leçon *interuenit*, donnée par *DE* et proche des leçons *interuienit* de *A* et *interuiennit* de *B*, n'est pas moins claire que *iter inuenit*, correction de Bersmann adoptée par Lenz, Richmond, Mozley et Capponi : en s'évadant du filet, la murène prend une initiative profitable aux autres poissons, prisonniers comme elle, qui l'imitent.

V. 31.

crinali corpore... polypus : le poulpe est un mollusque octopode, et ses tentacules sont appelés *crines, cirri, bracchia* et *flagella* ; d'où l'adjectif *crinalis* : ressemblance des bras avec des tresses de cheveux ; cf. εὐπλόκαμος (Oppien d'Apamée, *Cyn.* 3, 182).

segnis : indolent ; Cotte (p. 181) a contesté : « La suite des observations faites en aquarium a conduit les modernes à rectifier leur avis au sujet d'un animal qui, malgré des mouvements habituellement lents (le paresseux poulpe, dit Ovide), sait fort bien sortir de la place dans laquelle on l'a mis pour aller chercher sa pitance dans les réservoirs voisins. D'après Elien (9, 45) le *Polypus* et l'*Osmylus* sortiraient de la mer voisine et iraient sur les arbres prendre les fruits ! L'histoire du poulpe de Cartéia, qui venait la nuit manger les salaisons, a vivement excité l'intérêt de Pline (9, 92) ». Mais il ne s'agit pas ici des déplacements de l'animal, qu'il marche ou qu'il nage ; *segnis* fait allusion à l'indolence du poulpe qui reste le plus souvent tapi dans son repaire, à l'affût, endormi en apparence, mais il ne dort que d'un œil ! C'est la nuit qu'il sort de sa somnolence pour chasser. Voir Muus-Dahlström, p. 204-205.

V. 32.

haeret : chaque bras du poulpe porte une rangée de ventouses qui lui permet de coller au rocher, à sa proie ou à l'ennemi ; cf. Muus-Dahlström, p. 204. Pline, *N.H.* 9, 85, a précisé l'indication d'Aristote, *H.A.* 4, 1, 7 : *per bracchia uelut acetabulis dispersis haustu quodam adhaerescunt* ; cf. Ov., *Mét.* 4, 366-367 : ... *sub aequoribus deprensum polypus hostem / continet ex omni dimissis parte flagellis* : De Saint-Denis, *Vocabulaire...*, p. 89.

V. 33.

et... colorem : ce mimétisme du poulpe a été souvent constaté ; cf. Plin., *N.H.* 9, 87 : *colorem mutat ad similitudinem loci, et maxime in metu* ; Plut., *De sollert. anim.* 978 D ; Lucian., *Dial. mar.* 4, 3 ; D'Arcy Thompson, p. 205. Certains éditeurs ont pensé que ce mimétisme était le moyen permettant au poulpe d'échapper aux filets : *hac... fraude* du v. 32 ; mais le *et* initial du v. 33 est à garder : grâce aux ventouses de ses tentacules le poulpe peut escalader tout obstacle, et, d'autre part, son mimétisme est un moyen défensif ; cf. Capponi, p. 292 ; Richmond, p. 41.

V. 35.

saetis : il s'agit ici de pêche à la canne ; la ligne fixée au bout d'un roseau était de lin (d'où son nom *linea*), avec crin de cheval ou soie de sanglier (*saeta*) pour l'extrémité portant l'hameçon ; cf. art. *piscatio* dans *Dict. Antiqu.* Daremberg et Saglio ; Opp., *Hal.* 3, 469 ; Ael., *N.A.* 12, 43 ; Mart. 1, 56 ; 3, 58, 28.

V. 36.

calamo : la canne à pêche était appelée *calamus, canna, harundo.* Une mosaïque de Sousse (L. Foucher, *op. cit.*, p. 38) montre un pêcheur à la ligne dont la canne est courbée par le poids d'un poisson qu'il hale hors de l'eau. Une autre (p. 35) représente deux pêcheurs dont l'un tend à bout de bras sa canne horizontale et l'autre s'apprête à saisir de la main gauche le poisson qu'il a sorti de l'eau.

V. 37.

bracchia : cf. note v. 31. Pline (*N.H.* 32, 12) a paraphrasé Ovide : *Ouidius prodidit... polypum hamos adpetere bracchiisque complecti, non morsu, nec prius dimittere, quam escam circumroserit aut harundine leuatum extra aquam* ; l'ambiguïté de *populatum... hamum* est ainsi dissipée par la précision de *escam circumroserit* ; mais avis contraire de Capponi, p. 301 : il participio *populatum* non significa, a nostro avviso, *esca spoliatum* ; esso conserva il suo significato proprio, sicché comprendiamo che l'esca, acconciata ancora sugli ami, è « in parte distrutta ».

V. 38.

mugil : le mulet, qui ne doit pas être confondu avec *mullus*, le surmulet ; cf. De Saint-Denis, *Vocabulaire...*, p. 66 et 68.

euerberat escam : cf. Plin., *N.H.* 32, 12, *scit et mugil esse in esca hamum indidiasque non ignorat, auiditas tamen tanta est ut cauda uerberando excutiat cibum* ; Opp., *Hal.* 3, 520 sq. ; Plut., *De sollert. anim.* 977 A. La méfiance du mulet est telle qu'il ne se prend jamais sur les lignes de fond, et que, pour le « ferrer » à la ligne flottante, il faut une grande dextérité ; cf. De Saint-Denis, *Vocabulaire...*, p. 67. La vigueur et la mobilité de sa queue lui permettent aussi de faire des bonds impressionnants ; cf. Plin., *N.H.* 9, 54 ; Isid., *Orig.* 12, 6, 26 ; D'Arcy Thompson, p. 109 ; De Saint-Denis, *ibid.* Le composé *euerberare*, rare mais expressif, se trouve ailleurs chez Ovide (*Mét.* 14, 577).

V. 39.

lupus acri concitus ira : cf. v. 23. *Ira*, leçon excellente (impétuosité des réactions de ce poisson), a été inutilement corrigé en *aere* par Vlitius et Birt ; cf. Richmond, p. 45 ; Capponi, p. 311.

V. 40.

discursu... : cf. Plin., *N.H.* 32, 13 : *minus in prouidendo lupus sollertiae habet, sed magnum robur in paenitendo. Nam si haesit in hamo, tumultuoso discussu laxat uolnera, donec excidant insidiae* ; Opp., *Hal.* 3, 128 sq. ; Plut., *De sollert. anim.* 977 B. *Discussu* est donné par le *Bambergensis* de Pline, et par *A*¹*C* d'Ovide (cf. App. critique) ; *discursu* par *DE* d'Ovide et comme correction de *discussu* au texte de Pline par Sannazar et Mayhoff. Comme l'un et l'autre sont satisfaisants, on peut hésiter : adopter de part et d'autre *discussu* ou *discursu*, ou garder *discussu* pour Pline et *discursu* pour Ovide.

fluctusque ferentes : cette épithète a embarrassé les éditeurs ; cf. App. critique. Nous entendons que le loup, pour essayer de se décrocher, nage violemment de droite et de gauche, et qu'il s'aide en même temps du courant qui l'emporte ; cf. Capponi, p. 313-314 ; *ferentes* doit donc être gardé ; cf. Virg., *Aen.* 8, 549-550, *pars cetera prona / fertur aqua* ; Ov., *Am.* 3, 11, 51, *lintea dem potius uentisque ferentibus utar.*

V. 43.

nec proprias uires nescit muraena... : cf. v. 27, *muraena... sibi conscia...*

V. 44.

morsu acri : cf. note v. 27. Cette morsure est-elle venimeuse ? Cotte, p. 149-150, a répondu à la question : la murène a, sous le palais, une glande à venin décrite par Bottard, mise en doute par Coutière, niée par le même auteur, retrouvée par Kopazewski. Mais il ne faudrait pas forcer le sens de *acri*, qui ne se réfère pas à cette toxicité.

V. 45.

Cf. Plin., *N.H.* 32, 13 : *muraenae amplius deuorant quam hamum, admouent dentibus lineas atque ita erodunt* ; cette paraphrase dit plus que le vers d'Ovide ; d'où la conjecture de Vlitius et de Richmond (voir App. critique) : lacune en 43-44 ; ou celle de Birt : lacune après 45.

animos... minacis : cf. note v. 27. Même après avoir été capturée, la murène combat avec le pêcheur ; on ne la fait pas mourir sans beaucoup de peine, à moins qu'on ne lui coupe ou écrase le bout de la queue ; cf. témoignage de Baudrillart (De Saint-Denis, *Vocabulaire...*, p. 71).

V. 46-47.

anthias... Les détails nombreux, mais contradictoires, procurés par les textes anciens, sur la morphologie et les mœurs de ce poisson, rendent difficile son identification ; cf. Cotte, p. 69-73 ; De Saint-Denis, *Vocabulaire...*, p. 5-7 ; D'Arcy Thompson, p. 14-16 ; Richmond, p. 48-49 ; Capponi, p. 318-323. Plus d'un poisson possède une épine dorsale placée de telle sorte qu'il ne la voit pas ; mais celle de notre *anthias* est assez tranchante pour couper une ligne ; ce détail dirimant m'a conduit à conjecturer qu'une confusion a pu se produire entre *anthias* et *acanthias*, l'aiguillat (*Squalus acanthias* L.), qui porte en avant de la nageoire dorsale une forte épine et qui, pour s'en servir, se recourbe en arc et dirige si bien ses mouvements de droite et de gauche qu'il atteint la main qui le touche à la tête, sans se blesser lui-même (témoignage de Couch ; cf. *Vocabulaire...* p. 7).

Le manège de l'*anthias* a été paraphrasé par Pline, *N.H.* 32, 13 : *Anthias tradit idem (Ouidius) infixo hamo inuertere se, quoniam sit in dorso cultellata spina eaque liniam secare* ; cf. Plut., *De sollert. anim.* 977 C ; *inuertere se* est une glose excellente de *supinus* (v. 47) et *cultellata* évoque une forte épine, plus large et plus tranchante qu'un dard ordinaire.

lina : métonymie de la matière pour l'objet ; cf. *Mét.* 3, 586 ; 13, 923 ; *Rem. Am.* 208.

V. 49.

Cetera..... : sur le rôle du développement consacré aux animaux terrestres (v. 49-82) dans l'architecture du poème, voir Introduction II.

densas siluas ; cf. *Mét.* 15, 488 : *densis siluis.*

V. 50.

semper : l'adverbe porte-t-il sur *quatiunt* ou sur *lymphata* ? question posée par Richmond (p. 50) et Capponi (p. 331). Le poète distingue deux catégories : les animaux peureux qui ne cessent pas d'être pris de panique en face du danger (v. 50) et ceux qui foncent dessus (v. 51) ; l'opposition est reprise par *sequi* pour les premiers et *comminus ire* pour les seconds (V. 52).

V. 51.

Cf. note v. 1.

V. 52.

sequi : comme le composé *obsequi* est classique avec la valeur de « céder, obéir à une impulsion », il est inutile de lui chercher un complément à l'accusatif ; le v. 50 éclaire tout. Ainsi compris, le v. 52 n'est pas une répétition du v. 1.

V. 53.

Cette peinture du lion qui fait front aux chasseurs a été rapprochée de Virg., *Aen.* 12, 5-8 : *saucius ille graui uenantum uolnere pectus / tum demum mouet arma leo gaudetque comantis / excutiens ceruice toros fixumque latronis / impauidus frangit telum et fremit ore cruento* ; imité aussi par Lucan. 1, 205 sq. Une autre image du lion est ovidienne : *Fast.* 2, 209-210.

V. 56.

concussitque toros ; cf. Virg., *loc. cit.*, v. 7 : *excutiens ceruice toros* ; dans l'un et l'autre texte *tori* ne désigne pas des tresses de poils, mais les muscles saillants du lion en colère ; cf. *lacertorum tori*, Cic., *Tusc.* 2, 22 ; *uenarum tori*, Cels. 7, 18.

V. 57.

procidit : correction heureuse (voir App. critique) ; *prodidit* (*prodedit*) de *ABD* est inexplicable ; *prosilit* de *E* ou *proruit* de Gesner n'ajouteraient rien aux mouvements *infert...* (v. 54) et *uenit...* (v. 55). Ainsi s'achève le drame : le lion blessé s'écroule et il lutte encore avant de mourir (*letum*).

V. 58.

foedus ursus : cf. *turpes ursi*, Ov., *Tr.* 3, 5, 35 ; *informes ursi*, Virg., *Georg.* 3, 247. Il y avait des ours en Lucanie (Mart., *Spect.* 8), en Apulie (Hor., *Od.* 2, 4, 18), en Sicile (Ov., *Mét.* 13, 834-836) ; cf. J. Aymard, *Essai sur les chasses romaines*, Paris, 1951, p. 12-13.

prouoluitur : verbe expressif ; l'ours pesant (cf. *pondus*, v. 59) ne bondit pas ; il ne fait pas irruption, il déboule lourdement ; cf. Capponi, p. 342.

V. 59.

pondus iners ; cf. *Mét.* 1, 8 (masse de la matière dans le Chaos initial) ; *A.A.*, 3, 220 (bloc informe de métal).

ferocia mentis : fait écho au v. 51, et indique pourquoi le poète range l'ours parmi les animaux belliqueux en dépit de son aspect lourdaud. Il n'y a donc pas de raison obligeant à suspecter cette fin de vers, comme l'ont fait Skutsch et Richmond ; voir App. critique.

V. 60.

actus aper... : le poète a pu se souvenir de deux croquis virgiliens : *Géorg.* 3, 411-412 (*uolutabris pulsos siluestribus apros*), et surtout *Aen.* 10, 707-713 (*ille canum morsu de montibus altis / actus aper*). Mais voir aussi Ov., *Fast.* 2, 230-231 : *saetis... hirtis* : cf. Virg., *loc. cit.*, v. 711, *inhorruit armos.*

V. 61.

se ruit,; cf. Ov., *Mét.* 8, 343 : *ille* (*aper*) *ruit spargitque canes.*

V. 62.

altera pars : cf. note v. 50.

V. 64.

pauidi lepores : l'humeur peureuse du lièvre a été souvent notée; cf. Hor., *Epod.* 2, 35 : *pauidum leporem.*

fuluo tergore dammae : cette notation de couleur permet-elle d'identifier l'animal ? Le mot *damma* (*dama*), qui a donné *daim* en français, désigne cet animal dans Plin., *N.H.* 8, 214, mais une variété d'antilope en 11, 124. D'autre part *fuluus* peut être un jaune foncé proche du brun rouge ou à reflets rouges, et même une nuance éclatante attachée à toute couleur ; cf. J. André, *Etude sur les termes de couleur dans la langue latine*, Paris, 1949, p. 132-136. J. Aymard, *Essai sur les chasses romaines, op. cit.*, p. 18, a montré que *damma*, mot ambigu, pouvait être le daim, la gazelle ou l'antilope ; que Pline, *N.H.* 11, 123, semblait désigner le daim sous le nom de *platyceros*, et qu'il était répandu dans toute l'Asie Mineure et la Sardaigne, mais inconnu à l'état libre sur le sol italique durant l'époque historique et classique. Voir aussi J. André, *L'alimentation et la cuisine à Rome*, Paris, 1961, p. 120, n. 53.

V. 65.

capto... timore : cette expression a gêné certains érudits, et Heinsius a même proposé de corriger *capto* en *cauto* (cf. App. critique) ; mais *capere* + complément exprimant un sentiment est très classique ; cf. Virg., *Aen.* 6, 352 : *cepisse timorem* ; Ov., *Mét.* 9, 616-617 : *taedia... capiam* ; 12, 506 : *spem capere*, etc. Capponi (p. 357) a rapproché de là l'italien *avere paura, prouare paura* ; le français, encore plus proche, dit *prendre peur, prendre espoir*, etc.

fugiens ceruos : cf. Ov., *Tr.* 3, 11, 11 : *fugax ... ceruus.*

Il n'y a aucune raison de transférer le v. 52 après ce vers 65, comme l'a suggéré Richmond ; cf. App. critique et notre note, v. 52.

V. 66.

Hic : a été diversement interprété, et même corrigé par Heinsius en *hinc* ; Richmond (p. 59) glose « *hic*, i.e. *ipsa natura* (*eorum*), but, of course, *hic* is attracted to the gender of *honos* ». Plus simplement nous sous-entendons *est* : voici quel est chez les chevaux le noble sentiment des honneurs et, au plus haut point, l'amour de la gloire ; en effet le vers suivant montre que tel est le sens de *honos* et *gloria* ; cf. Capponi, p. 207 : « questo è il nobile sentimento dell' onore e di una più alta gloria dei cavalli. Infatti... » Introduit par *nam*, le v. 67 explique le v. 66.

V. 67.

capiunt animis palmam : cf. Ov., *Mét.* 11, 118, *spes ipse suas animo capit* ; la correction *cupiunt* (Birt, Richmond) est donc inutile.

triumpho... : les vers 68-70 sont une réminiscence de Virg., *Géorg.* 3, 102 sq., où *gloria palmae* est développé comme ici : *Nonne uides, cum praecipiti certamine campum / corripuere ruontque effusi carcere currus, / cum spes arrectae iuuenum exsultantiaque haurit / corda pauor pulsans ?...* De part et d'autre il s'agit d'une course de chars.

Après le v. 67 Heinsius a conjecturé une lacune ; cf. Richmond, p. 60. Régulièrement *seu* appellerait un second *seu* ; il est ici remplacé par —*ue* du v. 71 ; la proposition des vers 66-67 est illustrée par deux schémas : 1° la course de chars ; 2° la chasse au lion.

V. 70.

uulgi se uenditet aurae : cf. Liv. 3, 35, 5, *se plebi uenditare* ; Cic., *Harusp. resp.* 20, 43 ; Liv. 3, 33, 7 ; Hor., *Od.* 1, 5, 11, *aura popularis* ; Virg., *Aen.* 6, 816, *aurae populares.*

V. 71.

caeso... leone et *spoliis... opimis* du v. 74 sont des détails qui s'ajoutent à ce que nous savons des jeux de l'amphithéâtre ; cf. Capponi, p. 72-73. Il ne s'agit pas, apparemment, d'un retour de chasse en pleine nature. D'après J. Aymard, *Essai sur les chasses romaines*, p. 407 sq., la chasse impériale ou seigneuriale du lion à cheval devint un grand sport sous Hadrien et Commode. Les chasses dans l'amphithéâtre furent organisées plus tôt ; à l'époque de Néron, d'après Calpurn., *Buc.* 7, 57 sq., on y voyait toutes sortes des bêtes sauvages.

V. 73-74.

conspissatque solum generoso concita pulsu / ungula : souvenir de Virg., *Géorg.* 3, 87-88 : *cauatque / tellurem et solido grauiter sonat ungula cornu* ; d'autre part la leçon *conspissat* est la plus proche des mss. ; voir App. critique ; Richmond, p. 62-63 ; Capponi, p. 365-366.

V. 75.

quid : la leçon *qui* de *AB* est difficilement explicable comme adverbe (« comment » ?) ou comme interrogatif masculin (avec *laus* il faudrait *quae*, proposé comme correction par Logus) ; voir App. critique. *Quid* peut être gardé ; emploi très classique pour introduire une interrogation vive : Et les chiens... ?

V. 77 sq.

Sur le flair des chiens de chasse à la recherche du gibier, voir Enn., *Ann.* 340, *si forte feras ex nare sagaci / sensit* ; Lucr. 1, 404-406, *namque canes ut montiuagae persaepe ferai / naribus inueniunt intectas fronde quietes, cum semel institerunt uestigia certa uiai.*

V. 78.

demisso... rostro : opposition heureuse des deux attitudes *elatis naribus* et *demisso rostro* ; pour la première, voir Lucr., 4, 993 ; Gratt., *Cyneg.* 1, 239 ; pour la seconde, Ov., *Mét.* 1, 536 : (*canis*) *extento stringit uestigia rostro.*

V. 79.

produnt clamore feram : cf. Virg., *Aen.* 12, 750-751, *ceruum... uenator cursu canis et latratibus instat* ; *Géorg.* 3, 411, *saepe uoluta-*

bris pulsos siluestribus apros / latratu turbabis agens montisque per altos || ingentem clamore premes ad retia ceruom.

V. 80.

quam : heureuse correction de *quem*, par Richmond (p. 67) ; on voit mal quel peut être l'antécédent de *quem* ; *dominum* ? mais alors *insequitur canis* ne se comprend plus. D'autre part, *conlatis armis* serait inattendu pour désigner les forces que l'animal pourchassé rassemble ; d'où la traduction inacceptable de Capponi, p. 207 : « se, poi, il cane, raccolte tutte le sue forze, riesce a sfuggirgli. » Nous comprenons *conlatis armis* comme un complément d'éloignement avec *effugit* : après avoir été lancée, la bête encerclée par la meute réussit à échapper aux coups convergents et la poursuite recommence.

V. 82.

Ce vers maxime fait écho au développement de Virg., *Géorg.* 1, 121-146, où *ars* (v. 122) et *labor* (v. 145) sont employés comme ici.

V. 83-85.

medias... pelagi sedes et *uasti maris... profundum* désignent-ils deux lieux de pêche différents, entre lesquels le v. 85 conseillerait un lieu intermédiaire plus propice ? cf. Capponi, p. 384-385. Couramment *pelagus* a désigné le large, et *profundum* la haute mer où immensité et profondeur se trouvent réunies ; il n'y a donc pas opposition entre les deux expressions ; et nous entendons : *inter utrumque loci*, entre le large et la côte. D'ailleurs l'observation des fonds, recommandée dans la suite (v. 86-91), n'est possible que si la hauteur des eaux n'est pas grande.

moderabere funem : si l'on garde *finem* des mss. (voir App. critique), *moderabere* employé absolument est anormal. Or, dans *Mét.* 13, 922-923, Ovide a fait parler Glaucus qui, avant d'être une divinité de la mer, était un pêcheur : *nam modo ducebam ducentia retia pisces, / nunc in mole sedens moderabar arundine linum* ; et, en 8, 856, le pêcheur à la ligne est appelé *moderator harundinis.* La correction de *finem* en *funem* est donc satisfaisante ; voir Capponi, p. 386, qui ne l'a pas adoptée.

Après le vers 85 une lacune est possible, puisque *num*, au v. 86, avec *sint* introduit une interrogative indirecte ; cf. App. critique.

V. 87.

calamos : les cannes à pêche ; cf. note v. 36.

purum litus : l'expression n'a rien d'obscur, opposée à *aspera saxis loca* du vers précédent.

V. 89.

Il est exact que certains poissons aiment à s'ensoleiller, comme la sole, la plie, la barbue, ou même à bondir au soleil hors de l'eau, comme le loup, le mulet, tandis que d'autres préfèrent se dissimuler à l'ombre, comme le congre, l'anguille et tous les crustacés.

V. 90.

imo : sous prétexte que ce mot appelle un substantif qu'il détermine, comme *fundo*, dans Virg., *Aen.* 2, 419, ou *gurgite*, dans *Aen.* 3, 421 et Ov., *Fast.* 3, 591, Birt a subodoré ici une lacune de plus ; cf. App. critique ; Richmond, p. 72. Mais *imum* substantivé n'est pas rare, et *imo* est ici un ablatif local (question *ubi*) comme dans Ov., *Mét.* 5, 588 ; cf. Capponi, p. 391.

V. 91.

obiectetque moras : la leçon *oblectetque moras* des mss. (cf. App. critique) a été défendue par Capponi (p. 392-393), qui traduit (en supposant une lacune entre les vers 90 et 91) : « se le acque verdeggino d'erbe nate nel fondale e se ⟨il sole, intiepidendo l'onda⟩ renda piacevoli le soste dei pesci e favorisca la crescita dell' alga nera. » C'est prêter à *moras* un sens inattendu et supposer une lacune de plus, inutilement. La correction de *oblectet* en *obiectet* est paléographiquement séduisante, et satisfaisant le sens ; *imum* substantivé étant le sujet de *obiectet* et de *seruiat*.

V. 92-93.

Cf. Opp., *Hal.* 1, 93-95 : ἰχθύσι μὲν γενεή τε καὶ ἤθεα καὶ πόρος ἅλμης / κέκριται, οὐδέ τι πᾶσι νομαὶ νεπόδεσσιν ὁμοῖαι, / οἱ μὲν γὰρ...

V. 94.

pelago : comme au v. 83 désigne la haute mer et s'oppose aux bords herbeux du v. 118.

V. 94.

scombri : comme σκόμβρος (cf. σκομπρί-σκομβρί en grec moderne, *scombro* en italien), *scomber* est le maquereau (*Scomber scomber* L.). Ce vers le range parmi les poissons de haute mer, tandis qu'Oppien (*Hal.* 1, 101) le fait vivre sur le sable. Il n'y a pas contradiction. Les maquereaux vivent par bancs qui, le plus souvent, voyagent en haute mer, mais viennent, à certaines époques, jusqu'à la côte pour frayer ; cf. Arist., *H.A.* 9, 3, 1 ; Plin., *N.H.* 9, 49 ; Cotte, p. 90 ; D'Arcy Thompson, p. 243-244 ; De Saint-Denis, *Vocabulaire...*, p. 102 ; Capponi, p. 397-398 ; Muus-Dahlström, p. 140 : « Poisson pélagique migrateur à nage rapide évoluant par bancs, souvent près de la surface. Hiverne (du moins en grande partie) dans les couches inférieures de la mer du Nord septentrionale et du Skagerrak, ainsi qu'au sud et à l'ouest des îles Britanniques. Au printemps... il monte vers les couches superficielles plus chaudes et gagne en avril-mai les eaux côtières à 11-14°. Période de frai : mai à juin au sud de l'Angleterre et en mer du Nord, juin-juillet dans l'est du Skagerrak et dans le Cattégat, mars-avril déjà en Méditerranée. »

boues : peu de textes anciens parlent du bœuf marin ; ils se rapportent cependant à deux animaux ; d'une part à un poisson plat cartilagineux (Arist., *H.A.* 5, 4, 2 ; Plin., *N.H.* 9, 78), qui peut être une espèce de raie, dont la tête est tronquée en avant, et les nageoires pectorales, au lieu d'embrasser la tête, prolongent leur extrémité en pointe saillante, ce qui lui donne l'air d'avoir deux cornes ; ce céphaloptère est la « raie cornue », *vacchetta* à Nice ; d'autre part à un cétacé, sorte de phoque, nommé βοῦς par Aristote, *H.A.* 6, 11, 1 ; cf. Isid., *Orig.* 12, 6, 9, *phocas dicunt esse boues marinos*. C'est évidemment à la raie cornue que notre vers 94 se rapporte ; cf. Cotte, p. 155-156 ; D'Arcy Thompson, p. 34-35 ; De Saint-Denis, *Vocabulaire...*, p. 15 ; Capponi, p. 399-403. Les raies sont des poissons de fond ; cf. Muus-Dahlström, p. 50 ; c'est donc à juste titre que la raie cornue est citée ici parmi les poissons pélagiques. Mais Pline

(*N.H.* 32, 152) a cru à tort que c'était une espèce tomite qui n'était citée que par Ovide.

V. 95.

hippuri celeres : bien que Cotte (p. 129) estime « que les ténèbres restent toujours aussi épaisses autour de l'état-civil » de ce poisson, les indications d'Arist., *H.A.* 8, 17, 1 ; Plin., 9, 57 ; Opp., *Hal.* 1, 184, ont conduit les chercheurs à reconnaître dans *l'hippurus* (ἵππουρος) la coryphène, à laquelle les naturalistes modernes ont attribué le nom *Coryphaena hippurus* ; cf. D'Arcy Thompson, p. 94-95 ; De Saint-Denis, *Vocabulaire...*, p. 48-49 ; L. Lacroix, dans *Rev. Philol.*, 1948, p. 129, n. 2 ; Capponi, p. 404-407. C'est bien une espèce pélagique ; cf. Oppien, *loc. cit.* ; et l'épithète *celeres* est très exacte : Athénée, 304 d dit qu'elle avance par bonds, d'où la métaphore ἀρνευτῆς ἵππουρος (l'hippure bondissant comme un agneau) ; elle suit sa proie ou les navires avec une vélocité telle qu'elle est capable de bondir hors de l'eau comme un boulet, pour atteindre les poissons volants dont elle est friande. D'après Opp., *Hal.* 4, 404 sq., les hippures se jettent en troupes à la poursuite de tout ce qui flotte sur l'eau après un naufrage.

nigro tergore milui : d'après Plin., *N.H.* 9, 82, le *miluus*, milan de mer, est, comme l'hirondelle de mer, un poisson volant ; est-ce l'ἱέραξ, faucon de mer, cité par Oppien, *Hal.* 1, 427 sq. et Elien, *N.A.*, 9, 52 comme poisson volant ? Quant à la caractéristique de couleur, elle convient aussi à l'hirondelle de mer ; adulte, elle a le dos brun clair ou rougeâtre ; jeune, elle a le dos brun foncé ; les ailes sont noirâtres ou olivâtres avec de larges taches bleuâtres chez les adultes ; elles sont d'une teinte brun foncé, uniforme chez les jeunes. D'où ma conclusion, dans *Vocabulaire...*, p. 65 : les anciens ont pu prendre pour des espèces diverses, qu'ils ont nommées hirondelle et milan, le même dactyloptère changeant de nuance avec l'âge (*Dactylopterus Volitans* L.). Mais voir la discussion de Capponi, p. 408-414, qui a traduit *nigro tergore milui* par « miliobatidi dalle brune terga » (p. 209), c.-à-d. sorte de raie.

V. 96.

elops : cf. Plin., *N.H.* 32, 153, *helopem dicit* (*Ouidius*) *esse nostris incognitum undis*, *ex quo apparet falli eos qui eundem acipenserem existimauerint* ; cf. 9, 60, *quidam eum* (*acipenserem*) *elopem uocant*. De même Athénée, 294 f. reprochait à Apion d'avoir confondu les deux poissons. Tandis que l'*acipenser* est l'esturgeon commun (*Acipenser sturio* L.), l'*helops* serait le petit esturgeon ou sterlet (*Acipenser Ruthenus* L.). En effet *nostris incognitus undis* ne convient pas à l'esturgeon commun qui se rencontre en Méditerranée occidentale et jusqu'à Sète ; mais au sterlet qui appartient à la Méditerranée orientale et à la mer Noire ; cf. De Saint-Denis, *Vocabulaire...*, p. 46. Ce sont deux espèces pélagiques, qui passent la plus grande partie de leur vie en haute mer ; cf. Muus-Dahlström, p. 26. De même la caractéristique *pretiosus* convient aussi bien à l'une qu'à l'autre ; leur chair est savoureuse ; d'où son prix ; cf. Plin., *N.H.* 32, 153 : *helopi palmam saporis inter pisces multi dedere* ; Ennius, fr. *Hedyph.* *ap.* Apul., *Apol.* 39, loue l'helops acheté à Sorrente ; Varron, *Men.*,

403, 549, Pline, *N.H.* 9, 169, Aulu-Gelle, *N.A.* 6, 16, celui de Rhodes ; Athénée, 300 e, celui de Syracuse ; Columelle, 8, 16, 9, celui de la mer de Pamphylie. L'acipenser n'est pas moins apprécié : d'après Macrobe, *Sat.* 3, 16, 5, on le servait couronné de guirlandes au son des flûtes ; et il a mérité dans les *Saturnales* tout un exposé ; moins prisé à l'époque de Trajan, il rentra en faveur à l'époque de l'empereur Sévère ; cf. De Saint-Denis, *Vocabulaire...*, p. 2 ; Capponi, p. 414-420 ; J. André, *L'alimentation et la cuisine à Rome*, Paris, 1961, p. 104.

V. 97.

durus xiphias : nom grec de l'espadon (ξιφίας) ; le nom latin est *gladius* ; cf. Plin., *N.H.* 32, 15 : *xiphian, id est gladium.* Poisson bien nommé ; cf. Plin., *N.H.* 32, 15 : *Trebius Niger xiphian, ... rostro mucronato esse tradit* ; Isid., *Orig.* 12, 6, 15 ; ital. *pesce spada* ; pour les naturalistes *Xiphias gladius* L.

durus est expliqué par *ictu non mitior ensis* : la lame qui prolonge la mâchoire supérieure de l'espadon est une arme redoutable, capable de percer les poissons et d'attaquer les grands cétacés ; et même, d'après Pline, *N.H.*, 32, 15 et Ael., *N.A.* 14, 23, de percer les navires et de les couler bas ; ce qui n'est pas une galéjade ; voir les témoignages de A. Brehm dans notre *Vocabulaire...*, p. 41 ; cf. Cotte, p. 118 ; Capponi, p. 420-422. L'espadon est bien un poisson de haute mer, qui entreprend de longues migrations ; il se tient généralement à la surface, mais il peut plonger jusqu'à 800 mètres à la poursuite de bancs de poissons (Muus-Dahlström, p. 148).

V. 98.

pauidi magno fugientes agmine thunni : d'après Plin., *N.H.* 9, 51, les thons migrateurs, à la seule vue d'un rocher blanc situé dans le chenal du Bosphore de Thrace, sont pris d'une soudaine frayeur et se précipitent vers le promontoire de Byzance : *repente territi.. praecipiti petunt agmine* ; cf. Opp., *Hal.* 4, 562 sq. Autre exemple de cette timidité dans Plin., *N.H.* 37, 66.

magno agmine : les migrations de ces poissons grégaires sont évoquées dans beaucoup de textes anciens et modernes ; cf. De Saint-Denis, *Vocabulaire...*, p. 114 ; Capponi, p. 424 sq. ; Muus-Dahlström, p. 142.

V. 99.

parua echenais... mora puppibus ingens : le nom grec est ἐχενηΐς (de ἔχω, tenir, retenir) ; le latin est *remora*, et le poète joue ici sur *mora-remora* ; cf. Isid., *Orig.* 12, 6, 34 : *echeneis paruus pisciculus, hunc Latini remoram appellauerunt eo quod cogat stare nauigia.* Ce pouvoir d'arrêter les navires a été souvent signalé et exagéré par les Anciens ; cf. Arist., *H.A.* 2, 10, 3 ; Plin., *N.H.* 9, 79 ; Lucan., 6, 674-675 ; Opp., *Hal.* 1, 212 sq. ; Ael., *N.A.* 2, 17 ; voir surtout l'amplification oratoire de Plin., *N.H.* 32, 2-6. Mais le verbe *adhaerere* employé plusieurs fois par Pline est évocateur : la tête du rémora porte un disque adhésif, composé de lames cartilagineuses, qui lui permet de se coller aux objets ; voir la description de l'*Echeneis remora* L. par les naturalistes modernes, dans notre *Vocabulaire...*, p. 94 ; et l'illustration de d'Arcy Thompson, p. 68.

V. 100-101.

Cf. Plin., *N.H.* 32, 153 : *pompilum, qui semper comitetur nauium cursus* ; dans cette reprise le naturaliste a laissé tomber la note pittoresque du sillage écumant. Le nom grec πομπίλος (dérivé de πομπή, escorte), passé en latin, indique la particularité de ce poisson qui suit les navires et qui ne doit pas être confondu avec le *nautilus* ; cf. De Saint-Denis, *Vocabulaire...*, p. 89-90. Il est à juste titre rangé par notre poète parmi les poissons pélagiques ; il habite seulement dans les profondeurs de la mer ; il ne s'approche jamais des ports, et s'il se plaît à suivre les navires, il les abandonne lorsqu'ils approchent des côtes ; cf. Opp., *Hal.* 1, 203-206 ; Ael., *N.A.* 2, 15. C'est le *pesce pilota* des Italiens, le *Naucrates ductor* des naturalistes.

spumas... nitentes : excellente leçon des mss. ; *natantes*, correction de Birt, est une platitude.

V. 102.

cercyrosque ferox : Opp., *Hal.* 1, 138-141 le range aussi parmi les poissons de roche, ainsi que Pline, *N.H.* 32, 152 : *cercyrum in scopulis uiuentem.* Notre poète oublierait-il ici la distinction établie entre poissons pélagiques et poissons des eaux côtières (v. 94 et 118) ? En l'absence d'autres textes anciens, nous avons renoncé à identifier ce poisson, avec Cotte et D'Arcy Thompson, et à expliquer l'épithète *ferox.* En partant de l'étymologie κέρκουρος (queue pointue ?), Capponi a suggéré que ce pouvait être un squale, et que *ferox* se rapporterait à un bruit émis par l'animal (p. 439) : hypothèse invérifiable.

V. 103.

cantharus ingratus suco : le nom, emprunté au grec κάνθαρος et resté en italien (*cantero, cantarina*), en espagnol (*cantaro*), en provençal (*cantaro, cantaréla*), désigne une brême de mer, dont le dos est gris brunâtre ; d'où le rapprochement avec l'*orphos* (cernier brun) *concolor illi orphos.* Il y a contradiction entre Xénocrate, 9, qui lui prête un goût agréable et *ingratus suco* d'Ovide ; la brême de mer, commune en Méditerranée est peu recherchée ; « sans importance économique » (Muus-Dahlström, p. 127). Il n'y a donc pas lieu d'accepter la correction de *suco* en *fuco* proposée par L. Herrmann.

V. 104.

orphos : du grec ὀρφός (ὀρφώς) ; paraît être le mérou (cernier brun), encore appelé ὀρφός et ὀρφώς dans la mer Égée. Pour les autres caractéristiques de ce poisson, d'après Arist., *H.A.* 5, 9, 5 ; 8, 4, 1 ; 15, 1 ; 17, 1 et Athénée, 315 a-c ; voir D'Arcy Thompson, p. 187-188 ; De Saint-Denis, *Vocabulaire...*, p. 78-79 ; Capponi, p. 443-446 (qui traduit *orphos* par *occhialone*, p. 211). Une mélecture de Plin., *N.H.* 32, 152 : *orphum rubentem, erythinum*, au lieu de *orphum rubentemque erythinum*, a égaré les savants qui ont cru que l'*orphus* était rouge (le barbier) ; les textes de Pline et d'Ovide sont d'accord pour donner la même couleur au *cantharus* et à l'*orphus* ; voir note précédente.

rubens erythinus : ce nom est emprunté au grec ἐρυθῖνος (ou ἐρυθρῖνος), poisson de couleur rouge ; poisson de haute mer, hermaphrodite d'après plusieurs textes d'Aristote, Oppien et Pline ; cf. De Saint-Denis, *Vocabulaire*, p. 36 ; ce qui conduit à éliminer le rouget barbet ; Athénée, 300 d, l'a rapproché du φάγρος (pagre). On a pensé au pagel commun, mais aussi à un serran, par ex. au barbier de la Méditerranée, qui est d'un beau rouge nacarat, ou rose, ou même écarlate. Nous ne pouvons pas préciser davantage ; cf. D'Arcy Thompson, p. 65-67 ; Capponi, p. 447-450.

V. 105.

insignis sargus notis : le nom σάργος, latinisé en *sargus*, et resté en grec moderne, en italien *sargo*, en provençal *sargou*, en monégasque *sargu*, en français *sargue* et *sarguet*, désigne un poisson bien connu, dont le corps est marqué de plusieurs lignes noires, et dont la queue porte une tache noirâtre très foncée ; cf. illustration de D'Arcy Thompson, p. 227 ; De Saint-Denis, *Vocabulaire...*, p. 99 ; Capponi, p. 450-453.

insignis iulis : Pline, 32, 152, donne la forme *iulum*. La forme *iulis* est une heureuse correction de Birt (voir App. critique) ; elle correspond au grec ἰουλίς, qui se trouve chez Aristote, Elien, Oppien, Plutarque et Dioscoride ; les deux formes sont chez Athénée, 304 f, qui les tenait pour synonymes. *Iulis* et *iulus* ne sont donc pas deux poissons différents ; cf. E. De Saint-Denis, *Additions et rectifications au vocabulaire des bêtes aquatiques en latin*, dans *Rev. Philol.*, 1966, p. 237-239. Ce poisson est la girelle, dont les ichtyologues ont décrit la richesse des couleurs ; les pêcheurs lui ont attribué, à cause de cette parure, une coquetterie retenue dans les dénominations populaires : donzelle, mariette, petite mariette, lucette, coquette de mer, fardée ; cf. Cotte, p. 59-60 ; De Saint-Denis, *art. cit.*, p. 238 ; et l'illustration de Muus-Dahlström, p. 133.

V. 106.

sparulus : diminutif de *sparus*, qui est un emprunt au grec σπάρος ; de même que σπάρος-*sparus* est resté en grec moderne et en italien (*sparo*), *sparulus* est un poisson aujourd'hui nommé *sparletto* en italien, *sparaillon*, *sparlin*, *esperlin* en provençal. C'est en effet une espèce qui ne dépasse pas des dimensions restreintes et qui porte au-dessus du sourcil la tache dorée que notre poète note : *super aurata sparulus ceruice refulgens* ; pour ce qui est de la taille, voir Mart., 3, 60, 6, qui l'oppose à juste titre au turbot ; cf. D'Arcy Thompson, p. 248-249 ; De Saint-Denis, *Vocabulaire...*, p. 107-108 ; Capponi, p. 455-458.

V. 107.

rutilus phager : empruntés à φάγρος et πάγρος, le latin a *phager* (*phagrus*) et *pager* (*pagrus*) ; le grec moderne, φαγγρί, φάγκριον ; l'italien, *pagro*, *pagar* ; le sarde, *pagaru* ; l'espagnol, *pagre*, *pargo*. Les textes d'Aristote, d'Athénée et de Pline montrent qu'il y a plusieurs espèces de pagre ; Pline, *N.H.* 32, 113, cite un pagre fluviatile, ce qui fait penser à une brême ; et les brêmes constituent une famille nombreuse, qui « comprend environ 200 espèces dans toutes les eaux côtières chaudes et tempérées » (Muus-Dahlström, p. 126). L'espèce vermeille de notre poète peut être le denté rouge à gros yeux, ou le pagre ordinaire, ou la pagel commun ; on ne peut pas préciser davantage ; cf. D'Arcy Thompson, p. 273 ; De Saint-Denis, *Vocabulaire...*, p. 80-81 ; Capponi, p. 458-461.

fului synodontes : *synodus, -ontis* est emprunté au grec συνόδους (poisson aux dents soudées) ; cette particularité est dirimante : les naturalistes pensent au denté vulgaire (*Sparus dentex* L.), que les Italiens appellent *dentale* ou *dentice*, et dont la dentition est singulière ; voir la description de Cuvier et Valenciennes (De Saint-Denis, *Vocabulaire...*, p. 112), qui correspond à la glose d'Isidore de Séville, *Orig.* 12, 6, 23 : *dentix, pro multitudine et granditate dentium dictus.* Quant à l'épithète *fului*, elle correspond à celle d'Épicharme (Athen. 322 b) : συνόδοντάς τ' ἐρυθροποικίλους ; la Méditerranée possède deux espèces de denté : celle qui a de gros yeux et une couleur rouge ; et celle qui est argentée, nuancée de bleuâtre sur le dos (espèce de Numénios, d'après Athen. 322 b : λευκὴν συνόδοντα) ; cf. Cotte, p. 101-102 ; D'Arcy Thompson, p. 255-256 ; De Saint-Denis, *Vocabulaire...*, p. 112 ; Capponi, p. 461-464.

V. 108.

channe : cf. Plin., *N.H.* 32, 153, *channen ex se ipsam concipere.* Nom grec χάννη (poisson à bouche béante). Ce poisson, d'après Épicharme, cité par Athén. 327 f, ouvre une large bouche. Il est hermaphrodite ; cf. Arist., *H.A.* 4, 11, 4 ; 6, 12, 1 ; *G.A.* 3, 5 ; précisions qui ont permis de reconnaître dans le *channe* le serran, dont le nom s'est conservé : χάνος en Grèce, χάννος dans la mer Égée, *chani* en Turquie, *channa* à Malte, *chana* à Catane ; cf. Cotte, p. 67 ; D'Arcy Thompson, p. 283 ; De Saint-Denis, *Vocabulaire...*, p. 21 ; Capponi, p. 464-467. La leçon *sibi functa parente* (cf. App. critique) est celle qui correspond le mieux à la glose de Pline et à l'observation des naturalistes : les serrans disséqués présentent une réunion d'organes reproducteurs des deux sexes ; cf. *gemino... parente* ; témoignages reproduits par D'Arcy Thompson, p. 283-284 ; De Saint-Denis, *Vocabulaire...*, p. 22.

V. 109.

saxatilis : ce vocable désigne-t-il le groupe des poissons saxatiles ou une espèce particulière de ce groupe déterminée par la périphrase *uiridis squamis paruo ... ore* ? Pour E. Ripert (*Ovide*, Édit.-trad. de la Coll. Garnier, Paris, 1937, p. 560), ce saxatile vert et pourvu d'une petite bouche serait le *roucau* des Provençaux. Pline n'a pas donné *saxatilis* dans son catalogue alphabétique de 32, 151 ; ni glosé ce vers d'Ovide dans 32, 151-153 ; il emploie le mot au pluriel *saxatiles* pour désigner le groupe des saxatiles en 9, 57 et 32, 94. En conséquence, dans notre *Vocabulaire...*, p. 100, nous avons suggéré que la description du v. 109 concernait le *faber* du v. suivant ; la dorée (ou poisson Saint-Pierre) est rangée parmi les saxatiles par Opp., *Hal.* 1, 133, et sa robe est d'un gris argenté avec des tons jaunâtres ; cf. illustration de Muus-Dahlström, p. 122 ; mais nous avons reconnu que sa bouche n'est pas d'une petitesse particulière. Capponi, p. 468-469, a peut-être raison de suggérer que le saxatile du v. 109 est plutôt un labre, *Labrus turdus* ; les labridés sont des « poissons vivement colorés des zones d'algues, surtout sur les côtes rocheuses » (Muus-Dahlström, p. 128).

V. 110.

rarus faber : les Grecs appelaient ce poisson χαλκεύς (le forgeron), et il est encore appelé *fabro* en Dalmatie. Le nom vient-il de son aspect enfumé ? ou des bruits clairs et réguliers que la dorée (ou poisson Saint-Pierre) émet, comme la chanson du marteau sur l'enclume du forgeron ? ou de son squelette qui, d'après certains, comporterait tous les outils de la forge ? Voir De Saint-Denis, *Vocabulaire...*, p. 38-39. Quoi qu'il en soit, l'identification est acquise, d'après la forme singulière du corps très comprimé ; cf. Athén. 328 d ; et les naturalistes l'appellent *Zeus faber* ; cf. Colum., 8, 16, 9 ; Plin., *N.H.* 9, 68, *zaeus, idem faber appellatus* ; 32, 148, *fabri siue zaei.*

Columelle (*loc. cit.*) dit que le *faber*, dont on fait le plus grand cas à Cadix, est surtout un poisson de l'Atlantique ; ce qui explique l'épithète *rarus.* Effectivement le poisson Saint-Pierre vit en petits bancs voyageurs, qui entrent pour le frai en Méditerranée de juin à août ; autrement ils s'éloignent des frayères, vers la Manche et la mer du Nord ; il était donc rare pour les Méditerranéens, et sa chair est exquise ; cf. Muus-Dahlström, p. 122.

pictae mormyres : cf. Plin., *N.H.* 32, 152, *pictas mormyras.* Nom emprunté au grec μορμύρος, *mormyr* est resté en italien, *mormo, mormora, mormiro, mormillo* ; en provençal *mourmena* ; en monégasque *murmura* ; en espagnol *marmo* ; à rapprocher de μορμύρω (murmurer) ; le mormyre ou morme grogne en effet comme le grondin ; cf. témoignage recueilli par Cotte, p. 106 ; De Saint-Denis, *Vocabulaire...*, p. 65-66 ; Capponi, p. 471-473. L'épithète *pictae* est exacte ; cf. Opp., *Hal.* 1, 100, μορμύρος αἰόλος ; sa coloration est variée : bandes noires tranchant sur un fond jaune argenté.

V. 110-111.

auri chrysophrys imitata decus : cf. Plin., *N.H.* 32, 152, *aurei coloris chrysophryn* ; ces périphrases expliquent le nom de ce poisson emprunté au grec χρύσοφρυς (sourcil d'or) ; le nom latin est *aurata*, expliqué par Festus, p. 182, et avec plus de précision par Isidore de Séville, *Orig.* 12, 6, 6, *a colore piscium nomina instituta sunt ut... auratae, quia in capite auri colorem habent.* La daurade commune porte entre les yeux une tache d'un bel éclat doré ; cf. Cotte, p. 73 ; D'Arcy Thompson, p. 293-294 ; De Saint-Denis, *Vocabulaire...*, p. 12 et 23 ; Capponi, p. 473-476.

V. 111-112.

corporis umbrae liuentis : de même que le nom grec de ce poisson σκίαινα est dérivé de σκιά (ombre), le nom latin *umbra* se rattache au sens premier de *umbra* ; cf. Isid., *Orig.* 12, 6, 6, *a colore, ut umbrae, quia colore umbrae sunt.* Tandis que *umbra* est une espèce fluviatile dans Aus., *Mos.* 90, c'est ici l'ombrine marine, encore appelée σκιόν en grec moderne ; *ombra* et *ombrina* en italien ; *oumbrina* en provençal. La notation de couleur *corporis liuentis* est exacte ; le dos de l'ombrine porte des lignes obliques d'un bleu d'acier et liserées de noirâtre ; voir la description de A. E. Brehm, citée dans notre

Vocabulaire..., p. 118 ; cf. D'Arcy Thompson, p. 242 ; Capponi, p. 476-480.

rapidi lupi : cf. notes v. 23 et 39.

percae : cf. Plin., *N.H.* 32, 152. La perche est rangée par Pline, 32, 145, parmi les poissons communs à la mer et aux fleuves. La fluviatile est bien connue, et la description d'Ausone, *Mos.* 115 sq. est exacte. Mais il ne s'agit, dans l'énumération d'Ovide, que d'animaux marins ; et la perche de mer est plus difficile à identifier ; les textes d'Athénée, 319 e, 320 e ne sont pas clairs ; voir De Saint-Denis, *Vocabulaire...*, p. 85. On appelle encore perches de mer, en Méditerranée, des serrans qui portent, comme les perches de rivière, des traits noirs et obliques, en particulier l'espèce dite serran écriture (*Perca scriba* L.) ; cf. D'Arcy Thompson, p. 196-197 ; Capponi, p. 484-487 (qui traduit par *sciarrani scritti*, p. 211) ; illustration de D'Arcy Thompson, p. 196.

tragi : cf. Plin., *N.H.* 32, 152. Emprunt au grec τράγος ; petit poisson, peu estimé, nommé aussi μαινίς, et en latin *maena* ; cf. Athén., 322 d, τῷ καλουμένῳ τράγῳ ἰχθυδίῳ. Cotte (p. 97) a rapproché le nom croate *tragaj*, qui désigne la mendole vulgaire (*Maena maena*) ; cf. D'Arcy Thompson, p. 263 (qui a renoncé à l'identifier) ; De Saint-Denis, *Vocabulaire...*, art. *maena* et *tragus* ; Capponi, p. 487-488 (qui a traduit par *mendole*, p. 211).

V. 113.

laude insignis caudae melanurus : cf. Plin., *N.H.* 32, 152, *placentem cauda melanurum*. Cette particularité explique le nom μελάνουρος-*melanurus* (queue-noire) ; cf. Isid., *Orig.* 12, 6, 27 : *melanurus eo quod nigram caudam habet, et nigras pennas, et in corpore lineas nigras*. C'est l'oblade, qui est encore nommée μελανούριον, μελανούρι, *obbiata*, *occhiata* en Méditerranée. Voir la description colorée de Cuvier et Valenciennes dans notre *Vocabulaire...*, p. 63 ; ou de Moreau, dans D'Arcy Thompson, p. 160 ; cf. Capponi, p. 488-491.

V. 114.

muraena : il a été question de sa férocité vorace au v. 27 ; voir note. Ici, dans un couplet où les couleurs prédominent, le poète caractérise avec bonheur les marbrures brunes et jaunâtres de la murène hélène (*Muraena helena* L.), commune en Méditerranée : *ardens auratis notis* ; cf. Plin., *N.H.* 9, 76, *muraena uaria* ; Opp., *Hal.* 2, 274, παναίολα νῶτα ; Cotte, p. 148 ; D'Arcy Thompson, p. 163 (illustration montrant bien les marbrures) ; Capponi, p. 491-496.

merulae uirentes : comme *turdus*, grive-oiseau et grive de mer, *merula* est le merle-oiseau et un poisson de couleur foncée ; cf. κόττυφος, qui est μελάγχρως, d'après Athén. 305 b, ou μελανόστικτος, taché de noir, d'après Athén. 305 c ; cf. Isid., *Orig.* 12, 6, 5 : *nigri merulae*. Voir les nombreuses références grecques et latines dans notre *Vocabulaire...*, p. 64. Parmi les espèces de labres méditerranéens, κόττυφος-*merula* peut être celui qui est appelé *merlo* en Catalogne, *merleau* ou *merlot* en France, *nègre* à Marseille (*Labrus merula* L.) ; cf. Cotte, p. 59 ; D'Arcy Thompson, p. 128 ; Capponi, p. 496-500. Ce poisson est brun bleuté ou bleu foncé. On sait que *uirens* désigne un vert foncé ou un vert clair ; cf. J. André, *Etude sur les termes de couleur, op. cit.*, p. 186-187 ; selon Arist., *H.A.* 8, 9, 2, la couleur du merle de mer est, suivant les saisons, plus noire ou plus claire ; au reste, beaucoup de poissons foncés ont dans l'eau de mer des reflets verdâtres ; l'exemple le plus pittoresque est celui du maquereau dont le dos bleu est vert dans l'eau.

V. 115.

conger (*gonger*) ou *cancer* ? congre ou crabe ? leçon de *ABCD* ou de *E* ? voir App. critique. Dans tout ce qui précède le poète n'a cité aucun crustacé ; mais il en citera un, la crevette (*caris*) au v. 132. Les éditeurs qui ont opté pour *cancer* allégueraient que *immitis suae... per uulnera gentis* correspond à ce que Pline dit des combats entre *cancri* : *dimicant inter se ut arietes aduersis cornibus incursantes* (*N.H.* 9, 99), suivant Arist., *H.A.* 8, 3, 6. Mais, chez Aristote, il s'agit des langoustes armées d'antennes. Capponi, p. 501, s'appuie sur un autre passage plinien (9, 97) où *cancer* désigne toute une classe de crustacés : *cancrorum genera carabi, astaci, maeae, paguri, Heracleotici, leones et alia ignobiliora*, c.-à-d. : les espèces de *cancer* sont les langoustes, les homards, les maïas, les pagures (ou tourteaux), les héracléotiques, les lions et d'autres moins connus. Nous avons considéré que cette énumération était un résumé maladroit d'Arist., *H.A.* 4, 2, 1 sq., et que Pline a tout faussé en rangeant les langoustes et les homards parmi les crabes (*cancrorum genera*). Capponi a opté pour la leçon *cancer* et traduit (p. 210) par *granchio* (crabe). Il faudrait montrer que les crabes se battent entre eux ; au contraire ils vivent en troupes disciplinées, surtout les tourteaux et les maïas (araignées de mer), tandis que les congres voraces et pourvus d'une gueule aussi large que leur corps se mangent entre eux, et si gloutonnement que l'on trouve parfois, en ouvrant un gros congre, un congénère plus petit, intact. Cette propension du congre au « cannibalisme » a été notée par Arist., *H.A.* 8, 2, 191 a : « Tous les poissons, à l'exception du mulet, se dévorent entre eux (ἀλληλοφαγοῦσι), surtout les congres » ; cf. D'Arcy Thompson, p. 50.

V. 116.

scorpius : nous avons rencontré au v. 5 le scorpion terrestre ; voir note. Il s'agit ici du scorpion de mer, caractérisé par l'épine dont sa tête est armée : *capitis duro nociturus... ictu* ; cf. Plin., *N.H.* 32, 151, qui distingue *scorpaena* et *scorpio*. A côté du grec σκορπίος, le latin a *scorpios-scorpius* et *scorpio,-onis* ; voir De Saint-Denis, *Vocabulaire...*, p. 103-104. La distinction entre *scorpaena* et *scorpius* peut être établie d'après Athén. 320 d, et Plin., *N.H.* 32, 70 ; le scorpion est roux (*rufus*) et bigarré, tandis que la scorpène est brune ; les deux sont venimeux ; cf. Opp., *Hal.* 2, 458 ; D'Arcy Thompson, p. 246 ; Capponi, p. 505-509, pense qu'il s'agit ici de l'espèce *Scorpaena porcus* des naturalistes. Pour Muus-Dahlström, p. 164-165, le scorpion de mer est *Acanthocottus scorpius* L., dont le dos est brunâtre ; mais à l'époque du frai, le mâle a le ventre rouge vif tacheté de blanc. Cotte (p. 112) a distingué *Scorpaena porcus*, rascasse brune, élément essentiel de la bouillabaisse, et *Scorpaena scrofa*, d'un rouge vif, qu'on appelle souvent *capoun* en Provence. Sujet épineux et empoisonnant !

V. 117.

glaucus : nom emprunté au grec γλαῦκος, qui désigne un blanc bleuté ou un vert grisâtre ; cf. Isid., *Orig.* 12, 6, 28, *glaucus a colore dictus eo quod albus sit* ; *Graeci enim album* γλαυκόν *dicunt* ; J. André, *Etude sur les termes de couleur*, *op. cit.*, p. 175-178. D'autre part la disparition de ce poisson au moment de la canicule : *nunquam aestiuo conspectus sidere* a été notée par Arist., *H.A.* 8, 17, 4 ; Plin., *N.H.* 9, 58 (*quidam aestus inpatientia mediis feruoribus sexagenis diebus latent, ut glaucus...* ; chiffre emprunté à Arist., *loc. cit.*) ; 32, 153 (*glaucum aestate numquam apparere*). Les témoignages anciens (voir notre *Vocabulaire*, p. 42-43) fournissent quelques indices complémentaires : poisson de grande taille, qui est pour ses petits d'une sollicitude touchante ; sont-ils en danger ? il les cache dans sa bouche, et les rejette quand le péril est écarté. Ce faisceau de précisions nous a permis de proposer cette identification : le bleu (*Squalus glaucus* L.), appelé vulgairement peau bleue, requin bleu, se distingue des autres squales par le beau bleu ardoisé qui colore son dos ; voir la belle illustration de Muus-Dahlström, p. 42. Mais D'Arcy Thompson, p. 48, a pensé à une pélamide. Sur les diverses espèces de chiens de mer, voir De Saint-Denis, *Additions et rectifications...*, p. 228-232.

V. 118.

laetantur : bien qu'en dernier lieu Capponi ait accepté la leçon *laxantur* des mss. et traduit : « ma si ricreano nei fondali arenosi ed erbosi altri pesci... », cet emploi de *laxari* est surprenant. Lenz a imprimé *laxantur* en le marquant d'une croix et en suggérant la correction *pascuntur* dans son apparat ; mais *pascuntur* ne va pas avec *harena*. La meilleure leçon, correction d'Vlitius, parait être *laetantur*.

V. 119.

scarus... : sur le scare voir note v. 9-10. Aristote est revenu plusieurs fois sur cette particularité du poisson ruminant ; en particulier dans *H.A.* 8, 2, 591 b (il semble que le seul poisson qui rumine comme les quadrupèdes soit celui qu'on appelle le scare) ; cf. Plin., *N.H.* 9, 62, *solus piscium dicitur ruminare — herbisque uesci atque non aliis piscibus* ; les observations des naturalistes ont établi que la nourriture des scares consiste surtout en matières végétales qu'ils broient grâce à leurs doubles mâchoires qui soumettent les aliments à une trituration complète avec retour des mâchoires pharyngiennes sur les mâchoires ordinaires, mouvement de va-et-vient comparable à la rumination des mammifères ; cf. D'Arcy Thompson, p. 239 ; Capponi, p. 516-520.

V. 120.

fecundum genus maenae : le nom *maena* de la mendole, bien connue, est emprunté au grec μαίνη ; autre forme μαινίς et diminutif μαινίδιον ; aujourd'hui *menola* en ital. (*menua*, *menella*) ; *minola* en sicil. ; *menura* en monégasque ; *mena* en espagnol. Ce petit poisson, qui ressemble à la sardine par la taille, la forme et la couleur, est très prolifique ; cf. Arist., *H.A.* 6, 17, 3, πολυγονώτατον ἐστὶ τῶν ἰχθύων μαινίς.. Oppien, *Hal.* 1, 108 le range aussi parmi les poissons qui se plaisent dans les herbes littorales ; voir Cotte, p. 96 ; De Saint-Denis, *Vocabulaire...*, p. 61-62 ; D'Arcy Thompson, p. 153-154 ; Capponi, p. 520-523.

lamiros : poisson inconnu ; le même, semble-t-il, que λάριμος ou λάρινος d'Opp., *Hal.* 3, 399 ; faute de témoignages descriptifs, nous devons renoncer à l'identifier ; cf. D'Arcy Thompson, p. 144 ; De Saint-Denis, *Vocabulaire...*, p. 53 ; Capponi, p. 523-534. Le rapprochement proposé par Cotte, p. 104, avec *lemaru* sarde et *luvaru* sicilien, qui est le pageau écarlate (*Pagellus erythrinus*) est fantaisiste.

smaris : c'est le picarel (*Smaris vulgaris* L.), dont le nom latin, emprunt au grec σμαρίς, est resté en grec moderne σμαρίς, μαρίδα, et en italien, *smeridi*, *smeridia*. Il est, comme ici, rapproché de la mendole dans Arist., *H.A.* 8, 29, 3 et Opp., *Hal.* 1, 109. En effet les picarels, comme les mendoles, vivent en troupes, sont très prolifiques et fréquentent les côtes herbacées ; cf. D'Arcy Thompson, p. 247-248 ; De Saint-Denis, *Vocabulaire...*, p. 106 ; Capponi, p. 524-526 (il traduit *smaris* par *zerro*, p. 211 ; nom italien de *Maena smaris* L.).

V. 121.

inmunda chromis : les textes anciens donnent sur ce poisson des renseignements contradictoires ; cf. De Saint-Denis, *Vocabulaire...*, p. 22-23 ; D'Arcy Thompson, p. 291-292 ; Capponi, p. 526-529. *Inmunda* se rapporte, semble-t-il, au mauvais goût de sa chair, d'où le rapprochement avec *uilissima salpa* ; mais Épicharme, d'après Athén. 328 a, la tenait pour excellente au printemps. Pour Rondelet, *chromis* serait le castagneau (*Sparus chromis* L.), mauvais petit poisson qui n'a jamais été recherché sauf comme appât ou salaison ; pour D'Arcy Thompson, une ombrine, le maigre (*Umbrina cirrhosa*), identification qui s'appuie surtout sur l'étymologie de χρόμις, racine **ghrem*-χρεμ- « grondement, grognement ». Capponi traduit *chromis* par *sargo commune* (p. 211), c.-à-d. *Sparus chromis* L., le castagneau de Rondelet. Quant à la glose de Plin., *N.H.* 32, 153, *chromin qui nidificet in aquis*, elle est une erreur ; cf. note suivante. En résumé, aucune identification certaine ne peut être proposée pour *chromis*.

merito uilissima salpa : nom emprunté au grec σάλπη (σάλπης), resté en italien, *salpa* et *sarpa* ; en espagnol, *salpa* ; en provençal, *salpe, saoupa, sarpa, saupo* ; en français, *saupe*. Comme ce poisson se nourrit de fiente et d'algues, sa chair est mauvaise ; cf. Arist., *H.A.* 8, 4, 1 ; Athén. 321 d, σκατοφάγοι σάλπαι, βδελυχραί; Plin., *N.H.* 9, 68, *circa Ebusum salpa, obscenus alibi et qui nunquam percoqui possit nisi ferula uerberatus* ; D'Arcy Thompson, p. 225 (poisson méprisé sur les marchés méditerranéens, en particulier à Alger où il est appelé « poisson de juif ») ; Capponi, p. 530-532.

V. 122.

Ce vers ne donne pas le nom de ce poisson qui est seul à faire un nid comme les oiseaux ; à l'instar d'Arist., 8, 29, 3, Pline l'appelle : *phycis*, *N.H.* 9, 81 : *mutat* (*colorem*) *phycis...* ; *eadem piscium sola nidificat ex alga atque in nido parit.* Mais en 32, 153, par mélecture des v. 121-122, il attribue au *chromis* cette particularité. Certains éditeurs (voir App. critique) ont corrigé *dulces* en *phycis* pour introduire le nom du poisson nidifiant ; d'autres ont supposé une lacune après le v. 122. Le plus simple est de considérer que ces vers désigne par périphrase le *phycis.* Quel est ce poisson, dont le nom est grec, φυκίς rattaché à φῦκος,, « algue » par R. Strömberg et H. Frisk ? Pour les uns, c'est l'épinoche, dont on connaît une espèce marine ; pour d'autres, le gobie commun (*Gobius niger* L.), qui fait un nid dans les algues et les zostères ; cf. Opp., *Hal.* 1, 126 ; D'Arcy Thompson, p. 276-278 ; pour Capponi, le gobie varié (c.-à-d. tacheté), *crenilabro.* Voir M. Z. Gerbe, *Observations sur la nidification des Crénilabres,* dans *Rev. de Zoologie,* XVI, p. 255 sqq.

V. 123.

mullus : rappelons une fois de plus que ce poisson écarlate n'est pas le mulet (*mugil*), mais le surmulet, appelé rouget-barbet, mulet barbet en Méditerranée. Plusieurs textes anciens louent sa coloration écarlate, délicatement définie par notre poète : « écailles légèrement teintées de sang » ; cf. Plin., *N.H.* 9, 66, *squamae rubentes* ; Auson., *Mos.* 117. Sénèque, *N.Q.* 3, 18, 5 a détaillé les nuances de ce poisson qui vit, cuit et meurt avec des tons rouge-feu plus vifs que le carmin, puis sanguinolents, bientôt irisés, enfin uniformes. L'illustration de Muus-Dahlström, p. 125 est le meilleur commentaire de ce vers 123.

V. 124.

soleae : aucune difficulté d'identification ; parmi les poissons plats, la sole a été ainsi nommée à cause de sa forme allongée et plate, comme celle de la sandale portant ce nom ; cf. Isid., *Orig.* 12, 6, 6. Mais l'épithète *fulgentes* pourrait surprendre, parce que la face supérieure est le plus souvent d'un gris plus ou moins foncé, parfois blond. Elle convient à la face inférieure, qui est d'un blanc très pur et brillant. Ce n'est pas ici la couleur de la chair qui intervient comme certains l'ont pensé ; cf. Cotte, p. 134. Voir D'Arcy Thompson, p. 33-34, art. Βούγλωσσα (nom grec de la sole) ; De Saint-Denis, *Vocabulaire...,* p. 106-107 ; Capponi, p. 544-547.

V. 125.

passer : la plie, autre poisson plat, dans une énumération de trois pleuronectes : sole, plie, turbot ; cf. Plin., *N.H.* 9, 72, *rhombi, soleae ac passeres, qui ab rhombis situ tantum corporum differunt — dexter hic resupinatis est illis, passeri laeuus* (les turbots, les soles et les plies, qui diffèrent seulement des turbots par la position de leurs corps ; ceux-ci sont couchés sur le côté droit, la plie sur le côté gauche) ; Colum., 8, 16, 7. La distinction établie entre la plie et le turbot repose sur une particularité très exacte : les corps de ces poissons plats est comprimé latéralement, si bien que la tête, asymétrique, porte les yeux du même côté, tantôt à droite, tantôt à gauche ; dans le développement des individus se produit un déplacement des yeux, et l'asymétrie se manifeste de plus en plus ; chez les plies et les flets, les yeux sont à droite, et l'animal est couché sur le côté gauche ; au contraire les turbots et les barbues sont couchés sur le côté droit ;

cf. De Saint-Denis, *Vocabulaire...*, p. 81 ; Capponi, p. 548 ; voir les illustrations de Muus-Dahlström, p. 173-185.

concolor illis (*soleis*) *passer* : la face supérieure de la plie est plus claire que celle de la sole, et elle porte des taches rougeâtres ; mais, comme il a été dit dans la note précédente, c'est la face inférieure qui intervient ici ; elle est d'un blanc brillant chez la plie comme chez la sole.

rhombus : le turbot ; du grec ῥόμβος, ainsi nommé à cause de son corps en forme de losange ; sur l'énumération *soleae, passer, rhombus*, voir ci-dessus. *Hadriaco mirandus litore* : le turbot de Ravenne, d'après Plin., *N.H.* 9, 169, était succulent et prisé ; et le fameux turbot de Domitien, d'après Juv. 4, 39-40, venait des eaux d'Ancône. Voir D'Arcy Thompson, p. 223 ; De Saint-Denis, *Vocabulaire...*, p. 95 ; Capponi, p. 550-552.

V. 126.

epodes lati : peut-on garder la leçon *lepores* des mss. ? voir App. critique. Pline, *N.H.* 32, 152 (texte du *Bambergensis*, ms. le plus ancien) donne *epodas lati generis*, glose évidente de notre passage ; tandis que le *Florentinus Riccardianus* et le *Parisinus 6797*, plus récents, portent *eporas*, d'où la leçon *lepores*, correction de Birt. Le lièvre marin, θαλάσσιος λαγώς — *lepus marinus* est bien identifié ; c'est l'aplysie, mollusque sans coquille, sorte de grosse limace, dont la tête est portée sur un cou plus ou moins long, avec deux tentacules supérieurs et creusés comme des oreilles de quadrupède ; d'où son nom qui se réfère à sa ressemblance avec un levraut ; voir les descriptions d'Ael., *N.A.* 2, 45, G. Cuvier, J. Oberthür, groupées dans notre *Vocabulaire...*, p. 55. Mais l'épithète *lati* et la glose *lati generis* de Pline ne conviennent guère à l'aplysie (*Aplysia* L.) ; et, après la sole, la plie et le turbot on attend plutôt un poisson plat. Malheureusement *epodes* ne se trouve dans aucun autre texte ancien. Capponi, qui garde *epodes* et traduit par *razze* (les raies), p. 213, a suggéré (p. 553) qu'on pourrait penser à *apodes* ; cf. Arist., *H.A.* 1, 5, 489 b. Mais, loin de désigner une espèce, et même un genre de poissons, ἄποδα, dans ce passage embrasse « tous les animaux nageurs sans pieds » (ἀ privatif + πούς, pied) : ceux qui ont des nageoires comme les poissons, ceux qui n'en ont pas comme la murène, et, parmi les sélaciens, ceux qui n'en ont pas, par ex. ceux qui sont larges et ont une queue comme la raie et la pastenague, auxquels leur largeur permet de nager. En résumé, nous avons préféré *epodes lati*, à cause de la glose plinienne.

molles tergore ranae : cette grenouille de mer, dont le nom complet est βάτραχος ἁλιεύς (Arist., *H.A.* 9, 25, 1) — *rana piscatrix* (Plin., *N.H.* 9, 143), est la baudroie, qui ressemble à la grenouille terrestre ou au crapaud par sa tête démesurément large, déprimée, sa gueule horizontale et fendue, son corps sans écailles couvert d'une peau molle et visqueuse (*molles tergore*) ; cf. Opp., *Hal.* 2, 98, νωθὴς μὲν ὅμως καὶ μαλθακὸς ἰχθύς, / αἴχιστος δὲ ἰδεῖν ; Isid., *Orig.* 12, 6, 5. Ce poisson, encore appelé βατραχόψαρο à Patras, *rane pescatrici* en Italie, est en France, suivant les régions, la baudroie, le baudreuil, le crapaud de mer, la grenouille pêcheuse, ou le diable ; cf. D'Arcy

Thompson, p. 28-29 ; De Saint-Denis, *Vocabulaire...*, p. 93-94 ; Capponi, p. 554-558 ; Muus-Dahlström, p. 195.

V. 127.

extremi pareuc... : en s'appuyant sur la fin de la description de la baudroie par Oppien (cf. note précédente), στόμα δ'οἴγεται εὐρὺ μάλιστα, Birt a proposé de compléter ainsi le v. 127 : *extremi aspectu taeter quibus oris hiatus* ; ce n'est qu'une hypothèse ; cf. Capponi, p. 559.

V. 130.

gobius : emprunt au grec κωδιός ; deux formes en latin, *gobius, -ii* et *gobio, -onis* ; poisson de mer, littoral et saxatile, dans Arist., *H.A.* 8, 15, 1 ; ou poisson de rivière, dans Arist., *H.A.* 8, 20, 4. Pline imite Théophraste, lorsqu'il place des gobies dans le Pont (*N.H.* 9, 177) et il pense à un gobie de mer lorsqu'il range le *cobio* (*gobio*) parmi les *peculiares maris*, en 32, 146. En ce qui concerne son épine, les témoignages sont contradictoires : *spina nocuus non gobius ulli*, dit ce vers 130 ; Elien le range au contraire parmi les poissons venimeux (*N.A.* 2, 50). Les descriptions d'Elien et d'Oppien, *Hal.* 2, 458, font penser à un individu comme le chabot de mer ou chaboisseau (*Cottus scorpius* L.) ; mais le préopercule et l'opercule de ce poisson sont armés d'épines qui infligent des piqûres très douloureuses ; cf. Cuvier et Valenciennes, dans notre *Vocabulaire...*, p. 44. Le *gobius* inoffensif d'Ovide doit être un des petits poissons, qui se tiennent entre les roches des rivages et dont il y a plusieurs espèces en Méditerranée ; on les nomme *gobous* ou boulereaux, *gos* à Venise, *gobis* en provençal, *gobus* en monégasque : identification proposée par D'Arcy Thompson, p. 137 ; et Capponi, p. 560-565, qui traduit par *ghiozzo*, p. 213. Dans la famille des gobies, Muus-Dahlström, p. 156-158, distinguent comme méditerranéens le noir (*Gobius niger* L.), le gobie de sable, le gobie cristal.

lubricus : épithète embarrassante ; appartient-elle à un poisson nommé dans la lacune précédente, ou au *gobius* ? Comme l'a fait remarquer Capponi, p. 560, elle ne convient guère au boulereau, dont les nageoires sont épineuses et volumineuses. Mais quel était le poisson nommé précédemment ? le silure (*Silurus glanis* L.), dont Ausone, *Mos.* 135, a dit que son corps semble enduit de l'huile attique ? cf. De Saint-Denis, *Vocabulaire...*, p. 105 ; Richmond, p. 89 ; Capponi, p. 560. Ce n'est qu'une hypothèse.

V. 131-132.

lolligo : ce nom comporte une géminée -ll- de type populaire, comme *follis* : le calmar a la forme d'une poche flasque ; cf. illustration de Muus-Dahlström, p. 205. Comme la seiche et le poulpe, le calmar éjecte une encre noire dont il teint l'eau pour se dérober; cf. *nigrum niueo portans in corpore uirus* ; Hor., *Sat.* 1, 4, 100, *nigrae suco lolliginis* ; Plin., *N.H.* 9, 84, *ambo* (*i.e. lolligo et sepia*), *ubi sensere se adprehendi, effuso atramento, quod pro sanguine his est, infuscata aqua absconduntur.* L'antithèse *nigrum niueo* n'est pas gratuite : si la poche du calmar est fauve sur sa face supérieure, elle est blanche sur sa face inférieure et intérieurement.

duri sues : nom correspondant au grec ὗς ; ce poisson doit son appellation à ce qu'il fouille le sol de son museau, d'après Archestratos ; cf. Athén. 326 f. Plusieurs noms, grecs et latins, appartiennent, par ressemblance, à des porcins de terre et de mer : κάπρος, ὗς, ὀρθαγορίσκος, *aper*, *sus* (et son diminutif *suillus*), *porcus marinus*, *orthagoriscus* ; cf. De Saint-Denis, *Additions et rectifications...*, p. 243-244. La notice d'Athénée manque de clarté ; cependant elle donne un synonyme de ὗς : ῥόθιος ψαμαθίς, citation de Nouménios. L'épithète ῥόθιος peut signifier : grondant ou impétueux. A rapprocher de la première acception la glose d'Isidore de Séville, *Orig.* 12, 6, 12 : *porci marini, qui uulgo uocantur suilli, quia, dum escam quaerunt, more suis terram sub aquis fodiunt.* A la seconde acception correspondrait notre *duri sues.* D'Arcy Thompson, p. 273, renonce à identifier cet individu. *Porcus marinus* et son diminutif *porculus marinus* désignent, semble-t-il, le marsouin qui grogne et qui est encore appelé *porco marino* en italien, et cochon de mer en français ; comme sa chair est à peine comestible, ce n'est pas ὗς-ψαμαθίς d'Archestratos, qui le met au nombre des poissons savoureux ; cf. De Saint-Denis, *Vocabulaire...*, p. 111. Pour Cotte, p. 152-153, ce serait le même que *orbis* — *porcus* — *orthagoriscus*, la mole ou poisson-lune. Pour Capponi, p. 571-574, *duri sues* pourrait être traduit par *feroci pesci balestra* (p. 213) ; *sus* serait *Balistes capriscus* des naturalistes ; *file-fish*, en anglais ; cf. Richmond, p. 90-91.

caris : du grec καρίς ; une des quatre espèces de crustacés, d'après Arist., *H.A.* 4, 2, 1 sq. : κάραβος (langouste), ἀστακός (homard), καρίς (crevette), καρκίνος (crabe) ; cf. De Saint-Denis, *Vocabulaire*, p. 16 et 19. En outre, Aristote subdivise ainsi la famille des crevettes : τῶν καρίδων αἵ τε κυφαὶ καὶ αἱ κράγγονες καὶ τὸ κικρὸν γένος ; l'épithète *sinuosa*, qui correspond à κυφαί, bossues, nous paraît convenir à la crevette-palémon (bouquet) ; voir illustration de Muus-Dahltröm, p. 197 ; plutôt qu'à la squille mante (identification de Capponi, p. 574-577) ; cf. Richmond, p. 91 ; D'Arcy Thompson, p. 103.

V. 133.

asellus : ce poisson s'appelait en grec ὄνος et ὀνισκος : l'âne ; d'où ce vers-plaidoyer : *tam deformi non dignus nomine asellus*, l'âne ayant toujours été traité comme un paria. Mais ce nom a été appliqué à des espèces différentes de forme et de goût ; cf. D'Arcy Thompson, p. 182-183 ; De Saint-Denis, *Vocabulaire...*, p. 10-11. Pline, *N.H.* 9, 61 en distingue deux : une plus petite, le *callarias*, la pire de toutes (*callarias, asellorum generis pessimus*, en 32, 146) et une plus estimée, capturée seulement en haute mer, le *bacchus*. Cette sorte de merlus, encore appelée *asinel*, *asinello*, *nasello* en Méditerranée, fut un mets apprécié par les Romains ; cf. Varro, *fr. ap.* Gell. 6, 16, 5 ; Lab. *fr. ap.* Plin. 9, 61 ; et Apicius, II, 13, 140 (Édit. J. André, p. 109) donne une recette de *patina* au lait dans laquelle entrent de la chair d'aselle frite avec des cervelas de porc farcis, des foies de poulets, des orties de mer, des huîtres ébarbées et des fromages frais !

V. 134.

acipenser : pour l'identification de ce poisson et son habitat, *peregrinis acipenser nobilis undis*, voir note v. 96.

INDEX NOMINVM ET RERVM

(Les chiffres renvoient aux nos des vers).

Nota. — Cet index comprend les noms propres, le vocabulaire des animaux (marins et terrestres) et des engins de pêche.

TABLE DES MATIÈRES

ACHEVÉ D'IMPRIMER
EN JANVIER 1975
SUR LES PRESSES
DE
L'IMPRIMERIE F. PAILLART
A ABBEVILLE

VELIN TEINTÉ
DES
PAPETERIES DE GUYENNE

DÉPÔT LÉGAL : 1er TRIMESTRE 1975.
N. IMPR. 3296.